U0944842

GUNZHUANG ZUOYE CHANGZHAN
GONGNENG BUJU JI SHEBEI PEIZHI
JIANSHE ZHINAN

滚装作业场站
功能布局及设备配置
建设指南

交通运输部规划研究院　编著

人民交通出版社股份有限公司
北京

内 容 提 要

本书包括滚装作业场站的建设规模、主要功能、布局优化方法、内外部交通衔接与组织方案、相关设施设备的配置要求等内容，适合滚装作业场站管理、规划、建设和作业部门相关从业人员阅读，同时也可作为相关专业技术人员培训学习使用的参考用书。

图书在版编目(CIP)数据

滚装作业场站功能布局及设备配置建设指南/交通运输部规划研究院编著.—北京:人民交通出版社股份有限公司,2021.4

ISBN 978-7-114-17069-0

Ⅰ.①滚…　Ⅱ.①交…　Ⅲ.①滚装运输—货场—港口装卸设备—布局—指南②滚装运输—货场—港口装卸设备—配置—指南　Ⅳ.①U653.92

中国版本图书馆 CIP 数据核字(2021)第 021446 号

书　　名：滚装作业场站功能布局及设备配置建设指南
著 作 者：交通运输部规划研究院
责任编辑：刘　博
责任校对：孙国靖　宋佳时
责任印制：张　凯
出版发行：人民交通出版社股份有限公司
地　　址：(100011) 北京市朝阳区安定门外外馆斜街 3 号
网　　址：http://www.ccpcl.com.cn
销售电话：(010) 59757973
总 经 销：人民交通出版社股份有限公司发行部
经　　销：各地新华书店
印　　刷：北京虎彩文化传播有限公司
开　　本：720×960　1/16
印　　张：8.75
字　　数：122 千
版　　次：2021 年 4 月　第 1 版
印　　次：2021 年 4 月　第 1 次印刷
书　　号：ISBN 978-7-114-17069-0
定　　价：80.00 元
(有印刷、装订质量问题的图书由本公司负责调换)

《滚装作业场站功能布局及设备配置建设指南》

编 委 会

主　　编： 魏永存　李　弢

副 主 编： 甘家华　李云汉

编写人员： 刘勇凤　陈波莅　杨丁丁　刘佳昆　杜江涛
沈孟如　刘晓彤　李鹏林　耿彦斌　奉　鸣
王　伟　于永顺　马　榕　李继学　田时沫
杨雪峰　王政斌　刘洪江　李宝玉　张文一
陈奕洁　庞笑然　彭　琪　姚　阳

前言

滚装作业场站是滚装物流网络的重要节点，是实现多种运输方式高效衔接的重要场所，对于推进滚装联运发展具有重要意义。然而，由于我国专业化的滚装作业联运场站建设发展起步较晚，缺少科学合理的平面布局规划，因功能分区设置不合理、设施设备作业能力不匹配等问题而导致的服务功能欠缺、作业能力不足、联运衔接不畅等问题普遍存在。因此，有必要对滚装作业场站的平面布局优化问题进行研究，从而拓展码头服务功能，提高码头作业效率，充分发挥滚装作业场站在多式联运中的支撑作用。

本书结合我国滚装作业场站的发展现状，对滚装作业场站进行了需求分析和功能设计，探讨了滚装作业场站的类型划分、滚装作业需求分析，以及滚装作业类型确定，并对不同类型滚装作业的工艺流程进行了详细分析，包括装卸流程、工艺要求、生产作业方案、工艺流程以及配积载等。基于对滚装作业场站作业工艺、内外部交通组织方案等内容的研究，提出了滚装作业场站常见的布局形式及适用情况，给出了评价场站集疏运体系（统筹考虑公路、铁路、水路等多种交通运输方式）是否能够满足场站运输要求的方法，并提出了明确的交通组织与衔接方案建议；基于滚装作业场站设施构成的分析，指出了传统系统布置设计（SLP）方法的不足并给出了优化改进方案，同时也给出滚装作业场站设施布局优化模型以及场站改造布局优化模型和基于遗传—模拟退火混合优化策略的模型求解算法，用于求解模型；基于对不同类型作业区的分析，给出了滚装作业场站设施设备的设计参数，以实现场站内部设施设备资源的合理利用与最优配置。

全书共分十章，内容主要包括：第一章，引言；第二章，国内外发展现状；第三章，国际专业汽车滚装码头总平面规划经验借鉴；第四章，国内滚装码头发展情况及其适应性分析；第五章，滚装作业场站需求分析与功能设计；第六章，滚装作业场站作业工艺；第七章，交通衔接与组织方案；第八章，滚装作业场站设施布局优化技术；第九章，滚装作业场站设备配置及仓储与辅助设施设计参数；第十章，结语。

本书的研究内容和出版由国家重点研发计划项目（2016YFE0204800）、山东省重大科技创新工程项目（2019JZZY020715）和交通运输部综合交通运输大数据技术交通运输行业重点实验室资助，在此深表感谢。

在本书撰稿过程中，参考了大量的文献，在此谨向相关文献的作者表示衷心的感谢！辽宁、山东等省交通运输厅与大连、营口、潍坊等市交通运输局及北京交通大学等为课题研究及本书的编写提供了大量素材和有益建议，同时作者多次到相关企业进行调研，综合了众多行业技术人员和领域专家的意见。在此向相关管理部门、行业企业和专家致以衷心的感谢！

由于作者水平及时间有限，加上滚装运输产业发展迅速，相关技术和管理理念不断翻新，书中难免有疏漏和不足之处，敬请行业内外的专家、学者和领导批评指正。

编著者

2020 年 12 月

目录

第一章　引言 …… 1

第二章　国内外发展现状 …… 4

　第一节　国外发展现状 …… 4

　第二节　国内发展现状 …… 5

第三章　国际专业汽车滚装码头总平面规划经验借鉴 …… 8

　第一节　国外港口滚装发展基本情况 …… 8

　第二节　经验借鉴 …… 23

第四章　国内滚装码头发展情况及其适应性分析 …… 27

　第一节　我国滚装码头发展现状 …… 27

　第二节　滚装场站适应性分析 …… 39

第五章　滚装作业场站需求分析与功能设计 …… 41

　第一节　场站类型 …… 41

　第二节　滚装作业场站的功能设计 …… 43

第六章　滚装作业场站作业工艺 …… 47

　第一节　商品车（整车）滚装装卸工艺 …… 47

　第二节　工程机械 …… 58

　第三节　件杂货 …… 61

第七章　交通衔接与组织方案 …… 65

　第一节　交通组织方案 …… 65

　第二节　滚装作业场站与交通基础设施的衔接 …… 73

第八章　滚装作业场站设施布局优化技术 …… 77

　第一节　滚装作业场站设施构成 …… 77

第二节 滚装作业场站设施参数确定 …… 79
第三节 滚装作业场站设施布局优化方法 …… 84
第九章 滚装作业场站设备配置及仓储与辅助设施设计参数 …… 105
第一节 装卸设备种类 …… 105
第二节 装卸设备配置 …… 119
第三节 仓储与辅助设施设计参数 …… 122
第十章 结语 …… 125
参考文献 …… 127

第一章 引 言

滚装运输（roll-on and roll-off transportation，RORO 或 ro-ro）是指使用滚装船连车带货一起装运的一种水上运输方式。其运输对象主要为集装箱及其他成组货物，一般以挂车或货车装运，上船后，转到多层甲板多个货物舱位，挂车和货车也随货一并船运，不再倒载。

滚装运输一般包含三类要素：滚装运输的对象——滚装货物（RORO Cargo）；滚装运输的运输工具——滚装船舶（RORO Ship）；滚装运输中货物装卸的节点——滚装码头（RORO Terminal）。包括乘用车、商用车在内的商品汽车是滚装运输中主要货物种类。此外，滚装货物还包括农用机械、工程机械和无动力设备等。随着科技进步和造船工业的发展，运输滚装货物的船舶也越来越向专业化、大型化方向发展，滚装船舶的种类也越来越多。在滚装货物运输船舶中，除传统的巡航渡船、货船和驳船外，还出现了装卸效率高、安全性强的汽车运输船（pure car carrier，PCC；pure car/truck carrier，PCTC）、客运滚装船（roll on/roll off passenger，ROPAX）、集装箱滚装船（container and RORO ship，CONRO）、滚上吊下船（roll-on lift-off ship，ROLO）等各类滚装船。在滚装货物和滚装船舶多样化发展的背景下，高效的专业化滚装码头应运而生。除客滚码头有接待乘客的设施外，专业化的货物运输滚装码头根据运输对象的不同，其码头设施和堆场也各具特色。滚装码头堆场可以堆存汽车、集装箱和机械等货物。

滚装运输可在港湾或江河岸边装卸不同的货物，特别是能在没有装卸桥和重型门式起重机等起重设备的普通码头装卸集装箱等货物。而且新建滚装码头所需投资少，一般仅占建造全集装箱码头所需投资的25%。滚装作业站台装卸效率高，占用码头岸边长度短，码头装卸费用少，装卸速度最高可达普通干货船的十倍。第三代滚装船的装卸速度更快，一次通过跳板的运量可达400t货物。

由于滚装运输的特点，各种车辆在船、港之间的运输无须倒转，减少了中转装卸环节；可不占码头堆放场地，使整个运输过程更为合理化，便于开展“门到门”的运输，甚至海、陆、空联运。

未来，世界滚装运输发展趋势主要体现在以下几个方面：

1. 不定期船运输向班轮运输转变

由于我国外贸汽车的进口和出口贸易还不稳定，外贸汽车滚装船运输大多采用不定期船运输形式，这就导致了汽车滚装船运输的发展缓慢。但国内汽车水路滚装运输发展逐渐稳定，并在逐步采用班轮运输方式。班轮运输具有定时间、定运价、定港口、定航线的“四定”特点，能够保证货物安全、有序、准时到达目的地。开展班轮滚装运输可以实现资源的最优配置和利用，满足小批量、均衡发运的需要，更有效地为汽车销售服务。

2. 单一运输向综合物流的转变

单一的滚装运输方式割裂了汽车等货物的物流操作环节，无法满足汽车的专业性、全面性的要求。21世纪的汽车产业将逐步向规模化和专业化的方向发展，汽车综合物流包含了码头装卸、报关报检、车辆性能检测、外观检查、维修服务、在库维护、分拨配送、数据交换等综合性服务。

3. 船舶大型化与高速化趋势

汽车生产规模的扩大，使得船舶大型化趋势成为必然；滚装运输市场日益激烈的竞争，使得船舶高效化趋势成为必然。滚装运输公司应通过扩大船队规模、提高船舶载车量、提升航行速度等方式，降低单位滚装运输成本，满足客户快、准、安全的需要。

4. 节能环保化趋势

随着《联合国气候变化框架公约》（United Nations Framework Convention on

Climate Change 1992）、《京都议定书》（Kyoto Protocol 1997）等协议的提出，人类逐渐认识到节能环保的重要性，环保意识逐渐增强。滚装运输的环保水平再次提高的要求随着时代的发展已逐渐提上议事日程。通过使用混合动力系统、燃烧液化天然气（Liquefied Natural Gas，LNG）燃料等方式满足节能环保的要求，是发展的必然趋势。

第二章

国内外发展现状

第一节 国外发展现状

在国外，滚装运输业经过多年的发展已成为物流业中成熟的业务领域。韩国、日本、欧洲各国家和地区对港口物流特别是以码头选址、场地设计、服务功能等为核心的滚装码头建设和运营进行了卓有成效的研究与探索，德国不来梅哈芬港、荷兰鹿特丹港、比利时泽布鲁赫港、日本名古屋港等都是成功的案例。

国外成熟的滚装码头建设和运营具有的共同特点是：靠近腹地大型汽车制造厂商或建有专用公路、铁路与汽车制造厂商相连接；作为物流体系的重要节点，滚装码头周边陆路运输网络发达，为多式联运业务的便利开展夯实了基础；改变了传统码头只进行装卸、仓储等单一作业的生产模式，延伸服务链条，向提供集疏运、代理、报关、商检、交付前检测（Pre-Delivery Inspection，PDI）、车辆整备中心（Vehicle Preparation Center，VPC）增值服务等综合性服务转变；自动化程度较高、人员安排合理、场地设计科学，各功能区布局完善、分工明确，组织效率整体协同；各类增值服务设施完备、功能强大，能够满足客户个性化需求。不来梅哈芬港位于德国西北沿海威悉河口右岸，是德国机械及化工产品的主要出口港，是欧洲最大的汽车进出口港。该港属海湾河口港、自由港，港区拥有 9 个滚装泊位，其中深水（远洋）泊位 5 个、支线（近洋）泊位 4 个。码头建有专用铁路线与宝马汽车和梅赛德斯-奔驰汽车的制造基地相连，拥有可一次性堆存10万辆车的场地，其中有2个室内停车库用于短期停放，容量约为1万辆车，有5个室内停车库可供3万辆进口车长期堆存，提供全方位的汽车物流服务。该码头作为汽车分拨中心，还延伸了汽车改装等增值业务。

第二节 国内发展现状

1977年，我国第一条滚装运输航线首先在南海琼州海峡开通，现已发展成为涉及徐闻港区、海安港区、新海港区、秀英港区等多个港区的多条线路。

2000年以来，我国滚装运输呈现较快发展态势，中国远洋运输（集团）总公司在2002年与日本最大的滚装运输船公司日邮集团（NYK）成立了中远日邮汽车船务公司，两家分别持有51%和49%的股份；中国长江航运（集团）总公司通过下属企业深圳长航实业发展有限公司与日本丰藤海运株式会社、丰田通商株式会社合作，在2004年成立深圳长航丰海汽车物流有限公司，开展在天津、上海和广州之间的滚装运输业务。中国外运长航（集团）有限公司与商船三井航运公司（MOL）的合资公司在广州注册成立，2005年开始调派两艘汽车滚装船进入市场，提供班轮服务，每艘小型船可装载600～700辆汽车，往来于华南、华东和华北沿海口岸。

2011年8月，中韩陆海联运汽车货物运输青岛通道正式开通，该项目自2007年5月正式启动，山东省最先提出该项目设想，并成为全国唯一试点省份。中韩陆海联运汽车货物运输是指中韩两国的货运车辆搭乘船舶，按照两国商定的港口口岸、区域或运输线路，抵达对方港口后直接将货物运抵目的地的运输活动，包括甩挂运输和汽车运输等方式。项目采取的甩挂滚装运输与海运集装箱运输相比，可有效缩短货物在途及滞港时间，减少装卸损耗，节省多次装卸产生的费用，从而提高物流效率和降低费用，更可实现“门到门”直达运输服务。按照《中华人民共和国政府和大韩民国政府陆海联运汽车货物协定》，日照港、连云港港中韩陆海联运汽车货物运输项目也先后实现了常态化运行。目前主要开展对防振性、时效性要求较高的精密电子仪器和鲜活类水产品等特种货物的跨国汽车运输。

2014年，《国务院关于印发物流业发展中长期规划（2014—2020年）的通知》（国发〔2014〕42号）提出了加快推进多式联运发展，探索构建水路滚装运输、铁路驮背运输等多式联运体系。2014年12月，鲁辽陆海货滚甩挂运输大通道航线实现首航，潍坊至营口这条渤海湾“黄金水道”正式贯通，首开中国海上绿色货滚甩挂运输通道，鲁辽陆海货滚甩挂运输大通道项目自2013年12月启动，是交通运输部、山东辽宁两省、潍坊营口两市贯彻落实中央关于推动物流业健康发展、把环渤海湾区域打造成为我国经济增长和转型升级新引擎指示精神，实施“一带一路”倡议的重要举措。该项目以潍坊港和营口港为起点，以鲁、辽两省为中心区域，利用渤海湾水运资源，向南延伸至台湾海峡西岸、向北延伸至哈大齐经济带，借助甩挂场站体系和陆路干线网络，形成纵贯我国东部地区南北方向千余公里的多式联运通路。该项目陆海联通，有效整合了节能减排、甩挂运输、多式联运等先进理念，具有明显的示范带动作用。鲁辽陆海货滚甩挂大通道将环渤海湾地区原运输模式截弯取直，通过海上通道实现两大港口直线连通，既避免了绕行山海关走C字形弯路，又避免了绕行烟台走烟大D字形航线，极大减少了陆路运距，最大限度地延伸了海上运输距离，成本优势十分明显。在大通道开通初、中期，每年可为相关企业节省运输成本7亿元左右，到中、远期，可为相关企业每年节省运输成本20亿元左右。同时，鲁辽陆海货滚甩挂运输大通道的开通有效分流了环渤海湾地区陆路运量，大大缓解了公路铁路运输压力，提高了综合交通运输效率，对交通行业节能减排贡献巨大，有望发展成为我国交通运输领域节能减排的最大单体示范项目。航线开通后，连通能力强，辐射范围广，不仅实现了“潍坊营口两城市、济南沈阳两省会、山东辽东两半岛、华东东北两经济区”的陆海运输有效连接，滚装货物更可经营口直通满洲里口岸出境，与直达莫斯科及汉堡的欧洲集装箱班列相连。

2017年12月29日，武汉航运交易所联合长江航运发展研究中心发布中国长江商品汽车滚装运输运价指数，这是国内首个汽车滚装运输运价指数。中国长江商品汽车滚装运输运价指数数据来源囊括了长航武汉汽车物流有限公司、重庆民生轮船股份有限公司等长江流域商品汽车滚装行业龙头企业的数据，采集样本航线选取了重庆、武汉、岳阳、九江、南京、上海等地往返10余条航线。运价指数的发布，不仅能够为滚装运输企业经营决策提供参考，提高企业运营效率，促进长江滚装运输市场健康有序发展，也有利于政府部门了解掌握滚装运输市场总体情况，提升武汉长江中游航运中心的服务功能。2017年以来，交通运输部、国家发展和改革委先后组织开展了环渤海鲁辽公铁水滚装联运、安吉物流沿江沿海经济带商品车滚装多式联运、长江三峡枢纽“大分流、小转运”水铁公多式联运、中国西部汽车物流多式联运等滚装运输国家级示范工程。

目前，我国滚装码头布局呈现以沿海、沿江进出口岸滚装码头为主，其他内陆进口口岸为辅的T字形格局。滚装码头资源布局更为合理，集疏运体系更为完善，港口分工定位更为清晰、明确，形成集运输枢纽节点、服务汽车产业的综合型一线港口码头，有上海港、天津港、广州港、大连港、武汉港、重庆港；服务腹地汽车产业的出口型二线港口码头，有烟台港、青岛港、宁波港、南京港、城陵矶港、芜湖港。

第三章 国际专业汽车滚装码头总平面规划经验借鉴

滚装码头是指能够满足装载商品汽车的滚装船进行滚装卸作业的码头，是整车物流链中重要的节点。国外主流的滚装码头是在传统码头装卸、存储功能基础上，不断适应市场需求的变化，融入报关、商检、运输、PDI、VPC 增值服务等新兴的服务项目，而取得优秀的市场业绩。

第一节 国外港口滚装发展基本情况

一、国外港口滚装演进历程

滚装运输出现于 20 世纪 60 年代初，发展于 20 世纪 70 年代末。由于起步较早，目前北欧地区的滚装运输发展已进入成熟阶段。由于地理区位的影响，斯堪的纳维亚地区的国家成为发展陆海联合运输的先驱，丹麦、芬兰、挪威和瑞典等国拥有漫长的海岸线，再加上波罗的海和北海等因素，使该地区自然而然地成为客、货滚装运输方式的发源地。这其中，丹麦又是发展客货滚装运输的先驱。

1883 年，苏格兰开通了第一条水路滚装运输航线。1930 年，丹麦汽车协会订购的“Heimdal”号渡轮投入大贝特尔海峡的航线运营，该轮能够运载 60 辆汽车和 600 名旅客。该轮的运营，标志着全球客货滚装运输的开始。在此之后，斯堪的纳维亚地区的国家在厄勒海峡、卡特加特海峡等海峡间的客货滚载运输业务往来更加频繁，客货滚装运输得到迅速发展。目前，该地区已拥有世界上最广泛和最复杂的滚装运输系统。

1958 年，美国建造了世界上第一艘滚装船“彗星”号，船的两舷及船尾均有开口，全船共有 5 个跳板，供车辆上下船使用，使用效果良好。滚装船装运货物大大提高了装卸效率，加速了船舶周转，并有利于水陆直达运输。这些优点加速了滚装船的应用，并逐步应用于近海运输和远洋贸易。从 20 世纪 60 年代开始，北欧“内海”运输网的航线上出现了从普通短途班轮运输转向宽大舒适客滚船的局面。

1970 年，第一艘商品车滚装运输船“欧洲公路”号由日本川崎汽船建造完成。从滚装运输的宏观面来看，汽车工业集中度和汽车产量决定了滚装船公司的数量和规模，国际上仅有日本邮船、挪威威廉姆森航运公司、川崎汽船、商船三井、韩国 EUKOR 及华尔航运（挪威礼诺航运旗下）数家滚装船公司，主要为欧美、日本、韩国的汽车厂提供商品车远洋滚装运输服务，此后，滚装船便迅速发展起来，现在盛行于各国。滚装船上甲板平整全通，上甲板下有多层甲板，各层甲板之间用斜坡道或升降平台连通，便于车辆通行，上层建筑位于船头或船尾，机舱设在尾部甲板下面，烟囱位于两舷，开口一般设在尾部，有较大的铰接式跳板，跳板一般以 35°或 45°斜搭到岸上。滚装船的装卸效率很高，世界各地商品汽车运输广泛应用滚装船。国外港口滚装发展重要节点如图 3-1 所示。

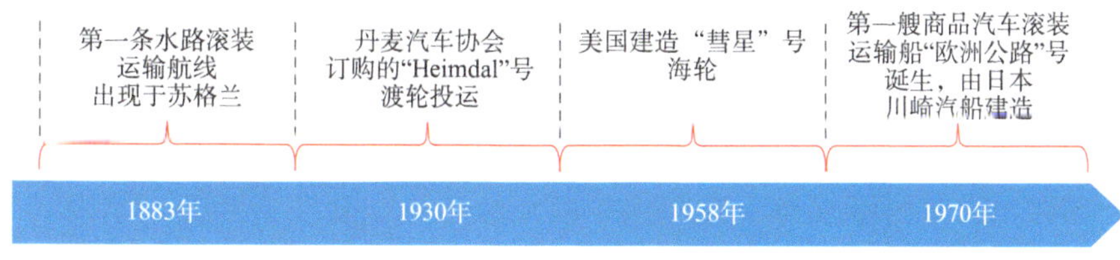

图 3-1　国外港口滚装发展重要节点

目前，世界上大型的滚装船运公司为华尔威廉臣公司、日本邮船、川崎汽船、商船三井以及挪威礼诺航运。滚装运输的发展受地理条件和地区经济社会发展水平等因素的影响，通常在经济较为发达地区的内海、海湾、海峡和沿海岛屿间的中短途运输中具有比较优势。

国外开展滚装运输较为成功的西欧、日本等国家和地区，其滚装运输的货源广泛，主要有商品汽车、载货汽车、拖拉机、载货托盘、集装箱拖车或某些特殊货物（如长大件货）等；主要的滚装运输类型有载货汽车滚装运输、商品车滚装运输、小件杂货滚装运输、客车滚装运输、火车轮渡、集装箱滚装运输、拖拉机滚装运输等；发展比较成熟的是载货汽车滚装运输、小件杂货滚装运输、客车滚装运输、集装箱滚装运输。

二、国外主要滚装码头介绍

韩国、日本、欧洲各国家和地区对于汽车滚装码头及港口物流业的使用和研究都已较为成熟，各个国家和地区在码头选址、场地设计、服务功能等方面形成了符合本国和本地区情况的发展思路。国外典型滚装码头的基本情况见表3-1。

典型滚装码头基本情况表　　表3-1

主要码头	港口定位	滚装货类	业务模式	年吞吐能力（万辆）
不来梅哈芬	综合性汽车物流口岸	外贸出口、中转	装卸、铁路、PDI、VPC、运输	220
泽布吕赫	综合性汽车物流口岸	外贸进口、中转	装卸、铁路、PDI、VPC、运输	175
韩国平泽	腹地出口型	外贸出口	装卸（检测、分拨、PDI、VPC、零部件物流）	90
新加坡亚洲码头	国际中转型	国际中转	装卸、PDI、VPC、运输	100

1. 不来梅哈芬港（Bremerhaven）汽车码头

德国西北沿海的不来梅哈芬市位于欧洲的中央位置，是欧盟划定的“不来梅—奥尔登堡大都市圈”的城市之一，处在与“汉堡大都市圈”的临界线上。

1）不来梅哈芬港基本情况

不来梅哈芬港距不来梅哈芬市约32mile①，是德国第二大港、欧洲主要中转

① 1mile = 1.609km。

港，同时也是欧洲第一大汽车和第四大集装箱港，吞吐能力为 700 万～800 万 TEU，由不来梅港务局（Bremenports）统一规划和管理。

不来梅哈芬港港区主要码头泊位设置见表 3-2。

不来梅哈芬港港区主要码头泊位　　表 3-2

码头名称	泊位（个）	岸线长（m）	最大水深（m）
GENERALCARGO（杂货）	23	5160	11.7
BULKCARGO（散货）	1	330	14
CONTAINER（集装箱）	10	2440	14
RO/RO（滚装）	7	1575	13
OILQUAY（油码头）	2	450	10.9
合计	43	9955	

2）汽车码头基本情况

不来梅哈芬港包括 Kaiserhafen 二号、Kaiserhafen 三号码头、Nordhafen 码头与 Osthafen 码头，由 BLG 汽车物流两合公司负责经营。不来梅哈芬港的三大港区及码头全景如图 3-2 所示。

图 3-2　不来梅哈芬港的三大港区及码头全景图

不来梅哈芬港拥有可一次性堆存 10 万辆车的场地，其中有 2 个室内停车库用于短期停放，容量约为 1 万辆车，有 5 个室内停车库可供 3 万辆进口车长期堆存。图 3-3 为不来梅哈芬港堆场和大型立体车库示意图。

图 3-3 堆场和大型立体车库实景图

在商品车装卸方面，不来梅哈芬港是世界上较大的汽车转运港之一，是戴姆勒、宝马、现代起亚等汽车品牌进出口欧洲的门户。其中，出口目的地多为美国、亚洲及周边国家和地区；进口车辆主要来自亚洲和美国。每年有大约 1600 艘汽车滚装船停靠不来梅哈芬港，其中包括能容纳 8000 多辆汽车的大型滚装船。

2014 年，BLG 汽车物流两合公司在不来梅哈芬港共装卸了 200 多万辆汽车，其码头设施能同时供 9 万辆汽车停泊。

3）汽车码头总平面布局情况

总平面规划布局共分泊位作业区、堆存区、操作区、中转区和增值服务区等区域，具体功能布局如图 3-4 所示。

图 3-4 港口周边配套服务功能布局

堆场车位以直车位为主并建有两个大型立体车库（图 3-5）。码头设特种车堆存区域，场地内可对特种车提供冲洗、组装、绑扎、零部件包装等服务。

图 3-5　堆场情况

根据车型和客户需求，操作区功能（用于短期堆存车辆）细分为乘用车操作区、超高超重车操作区、乘用车和超高超重车操作区、遮盖棚停车区等；堆存区（用于长期堆存车辆）细分为遮盖棚堆存区和商品车堆存区等。

不来梅汽车码头增值服务区的技术中心为车辆提供检测、修复和加装工作，年均处理大约 40 万辆汽车，被誉为“欧洲最大的汽车养护车间”。操作中心可提供清洗车辆、PDI、运输中的小损伤修理等服务；同时，可以根据汽车运输目的地的不同要求进行技术改装，为汽车安装多种辅助设备，如遮阳顶、空调系统、皮座椅等。

4）汽车码头总平面布局特点

（1）港外集输运系统与总平面规划整体协同。不来梅哈芬港 95% 的出口商品车陆路集疏运通过火车运输，95% 的进口车辆分拨通过车辆运输车运输；铁路直接延伸至码头前沿，由码头业务外包单位操作。火车班列每天有 7 班次，可运送 3000 ~ 4000 辆车，港外集疏运系统与装卸车区的整体协同，确保了码头的高效营运。

（2）将物流供应链管理流程融入汽车码头总平面功能模块布局。不来梅汽车码头出口操作由 IT 系统——CAR 支持，该系统控制着汽车从生产到分拨到经销商全程物流中的信息流；进口操作由 IT 系统——CARIN 控制着整个进口物流链。在汽车码头总平面功能规划时，设计方就已根据物流供应链管理流程设置好了相应的信息点，确保各规划功能模块在实践中的无缝衔接。

2. 比利时泽布吕赫（Zeebrugge）港汽车码头

泽布吕赫港是位于比利时西北部的天然深海港，濒临北海的东南侧，地理位置得天独厚，位于欧洲主要消费市场的中心位置，是欧洲东西贸易轴和南北贸易轴的交点。

1）基本情况

泽布吕赫港已成为能够装卸散杂货、集装箱、滚装船及大型油船的综合性港口，是欧洲大型的液化气运输枢纽和第六大集装箱运输港，还是欧洲大型的滚装码头和世界大型的新车集散地。装卸的货物主要包括集装箱、汽车、干燥和液体散货、天然气等。该港自 20 世纪 70 年代扩建以来发展迅速，与天津、厦门港结为姐妹港，并和中国海运集团建立了合作关系。

泽布吕赫港具备优越且便利的交通条件，有 4 条公路连接欧洲的高速公路网，可在 24h 内到达意大利和奥地利，36～48h 内到达中欧及东欧国家，并且与全欧洲主要工业城市都有铁路联系。港区由布鲁日延伸到海边的泽布吕赫，中间有运河相连，内河航道可驶 8000t 海船直达布鲁日城，并通过运河系统进入欧洲运河水网。

2）外港区情况

该港分为内、外两个港区。外港不设船闸，到内港区靠泊的船只需要通过船闸进入。

外港区系填海而成，包括散货码头，集装箱码头，液体天然气存储码头及双层滚装码头等（图 3-6）码头岸线共长 10797m，最大水深达 20m，非常适合停靠集装箱、液化天然气等大型船舶，可靠泊载重 15 万 t 的船舶。来自挪威的天然气通过海底648n mile天然气输送管线到达码头的终端中转站，然后通过阿尔及利亚的大型油船输送到中南欧的广大地区。

图3-6　外港区实景图

外港区域包括大不列颠码头、瑞典码头和阿尔伯特二号码头的滚装/滚降码头。大不列颠码头占地61ha，包含三个泊位。泊位长度分别为180m、255m和310m，有八条轨道，总长达4600m。瑞典码头占地10.5ha，包含一个730m泊位，两条长800m的轨道。阿尔伯特二号码头占地11.5ha，有一个泊位和两个380m的轨道。

3）内港区情况

内港区码头岸线共长3500m，北部水深14m、南部水深达18m，设有汽车、建材、农副产品等码头，并能提供维修、包装和适应性改装等物流增值服务。内港区由两个船闸控制，大船闸长500m、宽57m、使用深度为18.5m。煤码头有18～28t的自行式起重机和15t的抓斗装卸桥，装船能力每天达30000t。堆场能力达200万t，配有筛选设备和带有电子称重的货车。内港区作业场站如图3-7所示。

泽布吕赫港一直担负着欧洲大陆与英国的货物及旅客运输。1966年，泽布吕赫港与英国多佛尔（Dover）港之间的第一条滚装船航线开通，目前已开通北欧、南欧、中东和远东的定期滚装班轮。

图 3-7 作业场站实景图

4）滚装/滚降码头基本情况

泽布吕赫每年组装 800 万辆新车，零部件和车辆成品流量较大。因此，泽布吕赫港是全球范围内新车进出口及转运市场中的佼佼者，周边海、船运公司的业务重点围绕泽布吕赫港组织欧洲和洲际运输网络，开展商品车运输。

港口码头区域总面积为 375ha，为新车运输提供 300ha 的停车场，停靠容量为 21 万个单位，有 23 个滚装船的泊位，总装卸能力为 3500 辆载货汽车/天。2017 年新车运输量为 280 万辆车，较 2013 年增长 110 万辆。码头每天最大可装卸 11000 辆车，主要船公司客户有 Sea Ro、华轮-威尔森班轮、CTO、丰田和 CDMZ。汽车厂商客户主要有戴姆勒·克莱斯勒、福特、通用汽车、梅赛德斯、沃尔沃、宝马、雪铁龙、标致、大众、美洲虎、沃豪、五十铃和三菱等知名企业。滚装码头的情况如图 3-8 所示。

图 3-8 滚装码头实景图

联合轮船公司（Det Forenede Dampskibs-Selskab，DFDS）海运经营罗塞斯到泽布吕赫港（Rosyth-Zeebrugge）的货运渡轮航线，是苏格兰唯一的滚装/滚降渡轮，每周三个22h的班次或三个24h的班次。专用货船可以携带危险货物，驾驶员需陪同车辆、拖车、商用车、轻型货车、机械和集装箱装运。

C. RO Ports Zeebrugge NV公司在泽布吕赫港外港区的大不列颠码头经营着一个滚装/滚降码头。该码头专门用于处理、储存和运输拖车、集装箱、车辆和普通货物。在比利时和不列颠群岛的其他几个城市都有姊妹码头。码头占地170ha，共有18个轨道提供10个滚装/滚降泊位。

NYK旗下码头装卸分公司ICO（International Car Operators）在泽布吕赫港内区域的北入口码头处运营新车和散装货物的滚装/滚降码头。该码头提供包括其核心业务、装卸、处理船上远洋船舶和码头的汽车和其他货物，以及绑扎和固定、车辆加工和物流服务等一系列服务。该码头长达1150m（3373ft），深度为13. 5m（44. 3ft），占地59ha，拥有处理28500辆汽车当量的能力。该码头由两个300m（984ft）和两个540m（1772ft）的轨道供应两个深海和三个短海泊位，并配备一台40t起重机、两台16t起重机和一台70t起重机。

5）汽车码头（ZET）总平面布局情况

丰田在泽布吕赫港的内港区设有一个专用的汽车码头（ZET）。该码头每天处理大约2000辆汽车，交付给西欧（包括英国、葡萄牙、西班牙、芬兰、挪威、瑞典、意大利和希腊）的大部分丰田汽车都从此通过。

ZET码头堆场面积88万m^2，分特种车区、载货汽车堆存区、轿车堆存区、办公区，可一次性堆存3. 2万辆车，铁路能满足60节车箱火车的装卸能力，仓库面积5000m^2，有四个提供质量控制和VPC服务的增值中心与丰田汽车物流中心。丰田汽车物流中心是丰田及雷克萨斯汽车在欧洲最重要的进出口枢纽站，汽车在配送至经销商网络前均在泽布吕赫接受检验或装配附加配件。

该汽车滚装码头集疏运主要为铁路和公路两种方式。2012年，178万辆车中有60%的车辆通过公路驳运进出港、40%的车辆通过铁路进出港。

ZET码头规划设置的主要服务功能区包括：车辆装卸服务、铁路及驳船装卸服务、堆存服务、零部件仓储服务、整车库仓储及分拨、长期堆存车辆维护、报关服务、增值税发票（VAT）、PDI及小维修、补漆服务、公路运输、货代服务、信息服务（与主要汽车厂商或货主通过EDI即时交换信息查看在港车辆动态）等，基本涵盖了客户通用性需求。

ZET码头物流增值服务功能强大，能够满足客户个性化服务需求，已成为该码头的核心竞争力，其服务功能通过汽车加工中心（VPC）实现，服务内容包括：车辆堆存期维护、维修、油漆、车辆改装以及满足特殊车辆改装。该中心处理的车型，以农用机械及特种机械为主，厂商将零部件集中至码头，由码头进行组装、改装、加装，甚至油漆。加工中心设零部件料架仓库、行车吊、大型油漆间等。

3. 日本名古屋港汽车码头

目前，日本汽车滚装进出口量约为500万辆（主要是出口，少量进口），主要在名古屋、三川（Mikawa）、横滨三大港口装卸，占总量的50%左右，其中名古屋港为日本汽车吞吐量最大港口。日本汽车滚装码头业相当发达，在一些世界知名的码头均建有数个汽车滚装公用码头，同时各大汽车厂商大部分拥有自己的汽车滚装专用码头。良好的码头硬件设施、优越的口岸管理环境、一流的汽车产销及管理技术，造就了目前日本高度发达的汽车物流产业。

1）基本情况

名古屋港位于日本中部地区，伊势湾北端。伊势湾北部衔接太平洋，因知多半岛和岛屿阻挡，受太平洋风浪影响小，港阔水深，全年均可作业，如图3-9和图3-10所示。名古屋港1907年开港，已成为综合性国际港口，经济腹地工业极其发达，纺织和陶瓷等传统工业居全国首位，机械、车船、钢铁等重工业也很发达，工业规模居全国第四。

名古屋港泊位总数284个（岸线总长34900m）。其中，名古屋港管理局经营管理的公用泊位123个；名古屋港码头股份有限公司为9个；飞岛集装箱码头股份有限公司2个，其他为150个。

图 3-9　名古屋港鸟瞰图

图 3-10　名古屋港码头示意图

2017 年，名古屋港完成货物吞吐量 1.96 亿 t，集装箱吞吐量 280 万 TEU，货物吞吐量位居日本首位。进口以 LNG、铁矿石、原油、煤炭，服装为主，出口以汽车整车、汽车零部件、产业机械为主。名古屋港依托港口腹地极为发达的汽车工业，汽车物流量遥遥领先，一年海运出口的整车多达 130 万辆。名古屋港仓库、码头仓库和货物堆场具体情况见表 3-3。

仓库、码头仓库、货物堆场　　表 3-3

所有单位	仓库（m^2）	码头仓库（m^2）	货物堆场（m^2）
名古屋港管理组合	—	148062	1387512
其他	3070547	381620	—
总计	3070547	529682	1387512

名古屋港的汽车码头主要在金城码头、弥富码头和空见码头，具体情况见表3-4。

名古屋港管理局管理的码头　表3-4

金城码头（Kinjo Pier）						
泊位号	长度（m）	前沿宽度（m）	前沿水深（m）	靠泊能力（DWT）	靠泊能力（泊位数）	主要货物、码头类别
52、53	497	20	12	2×35000	2	汽车整车
54～57	800	20	10	4×15000	4	汽车整车
58～62	1000	20	10	5×15000	5	汽车整车
63～67	1000	20	10	5×15000	5	汽车整车
71	450	10－15	5.5	5×2000	5	产业机械
72～75	520	15	7.5	4×5000	4	化学药品
76、77	400	22.5	10.5	10000＋20000	2	汽车整车
78、79	400	22.5	10.5	2×15000	2	汽车整车
80、81	400	20	10～10.5	2×15000	2	汽车整车
82～84	600	20	10	3×15000	3	大米
85	280	20	12	50000	1	有色金属
弥富码头（Yatomi Pier）						
泊位号	长度（m）	前沿宽度（m）	前沿水深（m）	靠泊能力（DWT）	靠泊能力（泊位数）	主要货物、码头类别
88、89	260	20	7.5	2×5000	2	废铁
6	270	20	12	30000	1	汽车整车
7	240	20	12	30000	1	汽车整车
空见码头（Sorami Pier）						
泊位号	长度（m）	前沿宽度（m）	前沿水深（m）	靠泊能力（DWT）	靠泊能力（泊位数）	主要货物、码头类别
V1、V2	500	20	7.5	2×10000	2	客运、汽车整车

2）汽车码头

名古屋港汽车码头以出口丰田汽车为主，目前主要有9号码头基地和丰田汽车专用码头基地两部分。特点是：靠近腹地大型汽车制造厂商或建有专用公路、铁路与汽车厂家相连接；作为整个物流链中一个重要的节点，滚装码头周边陆路运输网络发达，多式联运便利；摆脱了传统码头只进行装卸、仓储等单一作业的生产模式，逐步向提供集疏运地面运输、代理、报关、商检、PDI 检测、VPC 增值服务等综合性服务转变；自动化程度较高、人员安排合理、场地设计科学，各功能区分工明确，各类增值服务设施完备。

总平面功能规划布局。日本汽车码头功能规划布局主要设置收发车区、堆存区、预装船区和内贸区、外贸区、物流分拨区以及汽车增值服务区。汽车滚装码头的总平面布局根据其业务模式的不同，相应的功能布局也不同。名古屋港汽车码头如图 3-11 所示。

图 3-11　名古屋港汽车码头

功能区域规模设置与组织效率整体协同。以操作内贸出口商品车为主的名古屋港码头堆场共分为收车区、堆存区、预装船区和内贸区等四个区域，具体见表 3-5。

名古屋港丰田汽车专用码头基本情况表　　表 3-5

功 能 区	面积（m^2）	一次最大堆存能力（辆）
收车区	18000	2800
堆存区	121000	7600
预装船区	121000	10000
内贸区	50000	—
总计	310000	20400

各功能区域规模根据组织整体效率综合测算，实现功能规划与组织效率整体协同，见图 3-12、表 3-6。

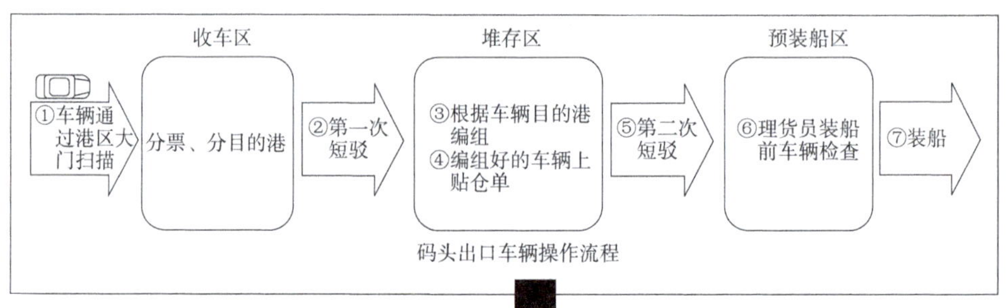

图 3-12 功能分区设置及组织效率整体协同

出口车辆流程和人员配备表 表 3-6

操作动作	工作内容	人员配置
第一次短驳	将车辆按目的港从收车区移至堆存区	驾驶员：6 人 短驳驾驶员：1 人 定位驾驶员：1 人 总计：8 人/组 （正常 2 组/每日） 效率：80 辆/（人·d）
根据车辆目的港编组	扫描车辆出厂条形码，并在车辆上写好车辆装船名、目的港代码及唛头	理货员：2 人/d 效率：800 辆/（人·d）
编组好车辆贴仓单	对编组好的车辆根据目的港贴唛头	理货员：0.7 人/d 效率：800 辆/（人·d）
第二次短驳	根据车辆目的港及车辆类型将车辆移至预装船区及装船车辆数	驾驶员：9 人 短驳驾驶员：1 人 定位驾驶员：1 人 信号员：1 人 总计：13 人/组 （正常 2 组/每日） 效率：80 辆/（人·d）

续上表

操作动作	工作内容	人员配置
理货员装船前车辆检查	主要检查车辆仓单号、唛头	理货员：2 人/d 效率：800 辆/（人·d）
装船	根据积载图装船及绑扎	驾驶员：5 人 短驳驾驶员：1 人 定位驾驶员：3 人 信号员：1 人 绑扎工：6 人 总计：15 人/组 （正常 5 组/每日） 效率：500 辆/（组·d）

物流供应链精益管理及高效协同的运营规划设计。由丰田公司主导，统一服务系统，加强码头、口岸企业和船公司的协作，确保商品车运输的整体协同，使商品车物流供应链效率提升超过 20%。具体协同服务流程如图 3-13 所示。

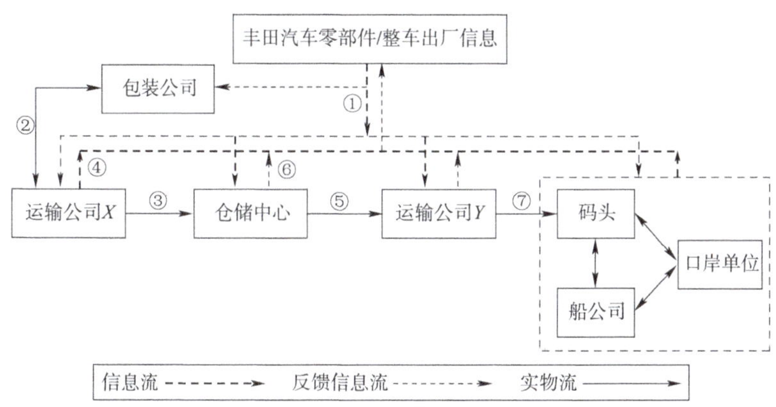

图 3-13　丰田公司商品车供应链管理与各利益相关者协同服务流程

第二节 经验借鉴

欧洲码头均属当地市政府管理，当地市政府选择公司（码头经营者）开展合作。其中，公司主要负责码头的建设和经营，并按股权进行利润分成。

一、堆场设计

欧洲汽车码头堆场面积普遍较大，且都通过建设大型立体化车库提升码头商品车库存能力。立体化车库多为港口运营商与汽车厂签订合同后兴建，确保使用率。

堆场的设计按照有利于场地作业安全、有利于缩短行车距离、有利于堆存量最大化的原则开展。根据商品车进、出口业务，进行相应的场地画线，堆场分工非常细致合理。

（1）以10列为单位的斜车位，主要用途为大批量进口商品车，这部分商品车通常都不进行码头范围内的PDI或VPC作业，而直接转口或进行欧洲内部的汽车分拨。此外，采用斜车位的堆存区外部通常是单行环路，其车辆的行走路线受斜车位影响，可直接从车位开出而不需要倒车等操作。

（2）鱼骨状斜车位，主要用途为存放已完成PDI或VPC作业的进口商品车，通常已在码头完成全部作业，由货主直接在该场区提走。

（3）以四辆车为一整列的直车位，这种车位画线主要针对部分特殊进出口商品车，这些车有一定的不确定性，存放在此的商品车将要进行的下一步作业可能为：PDI或VPC作业或进一步的出口分票后的直接装船作业等操作。由于存放在其中的商品车等待下一步的操作不尽相同，为提取方便每列只存放四辆车。

（4）大面积直车位，其主要特点为单个车位较长（每个车位5.8m×2.5m），一列通常有40～50个车位，单个场区面积非常大，中间不留专门的商品车道，通常其堆存方法为视情况自由组合，空出来的一行车位即为车道。主要用途为大批量出口车辆，其最小组合方式为四辆车一列，以便进行车辆分唛或PDI及VPC作业。

二、汽车物流增值服务

国外滚装码头无一例外均有非常发达的汽车物流增值服务，物流运输网络广泛且运输组织方式多样，码头作为最重要的货物集散地，可高效地进行公路、铁路、水路等不同运输方式间的换装运输。

其中，铁路运输非常发达。一般铁道直接铺进码头堆场内并设有商品车装卸火车需要的渡板和坡道，火车车厢分为上下两层，专门用于运输商品车。有一小部分的集港商品车甚至并不装船，仅仅是进行公路和铁路的换装作业。此外，码头具有专业的技术团队进行商品车的 PDI 或 VPC 作业，其码头工人的技术水平达到了汽车厂商的要求。在码头的 VPC 车间内，其作业内容非常宽泛，从简单的更换座椅、加装音响设备到车辆加装尾翼、换保险杠、轮胎、车辆颜色的改变等，可以说除底盘和发动机外，其他原本由汽车厂完成的所有生产过程，码头均能实现。其 VPC 车间就是一个专业的维修厂和小型的汽车组装车间，它们也接受社会车辆的维修任务。当然要进行何种作业或者生产是根据客户的要求或者指令进行的，通常客户用 EDI 或邮件的方式将指令发送给码头，码头再制作指示书随车辆进入 PDI 或 VPC 车间，工人根据指示书的内容进行作业，每段工作完成后，都有质检人员检查完成情况并签字确认。码头装卸的商品车有近四成进行 PDI 或 VPC 作业，其收入甚至超过码头装卸收入。

三、信息化建设

相对于汽车物流的发展，欧洲汽车码头的 IT 也有许多值得我们学习和借鉴的地方，比利时和德国的 IT 情况基本差不多，其信息采集的方式为条码扫描，因欧洲的整体 IT 水平较高，IT 的应用外部条件非常好，比如每辆经过码头的商品车均有规范的条码，所有信息的传送均通过电子方式，所以不像国内，基础数据的采集和录入只能由码头独立完成，较为费时、费力。荷兰鹿特丹汽车码头在 IT 方面明显先进于其他的汽车码头。

其显著特点是 RFID 技术的大规模应用，所有进入码头的商品车均放置定位卡，在码头的每个区域均设有接收器，定位误差小于 5cm。每辆进入码头的商品车的位置、状况均能在系统中得以显示，实现了全过程的定位管理。

四、业务分工

在欧洲，码头与劳务公司有明确的分工，且劳务公司技术能力非常强。汽车码头公司只负责管理工作，如船舶动态、作业指令的下达、堆场的管理等，其他所有的操作均由专门的劳务公司来完成。以BLG不来梅哈芬汽车码头为例，因不来梅哈芬汽车码头业务量的70%来自华伦-威尔森公司，所以华伦-威尔森公司在港口设立了自己的劳务公司，由该劳务公司进行船舶的装卸组织，分包给当地工会下的劳务公司进行作业。费用方面是该公司向华伦-威尔森公司收取装卸费，然后按比例付给码头装卸管理费和劳务费。船舶有关进出港口的相关费用，如过闸费、港务费由船公司付给当地市政府；在码头的费用，如停泊费、港杂费由船公司直接付给码头。该劳务公司是由华伦-威尔森公司和当地的一个劳务公司合资组建的，共有员工180人，其中80名为工人，该公司只负责进行华伦-威尔森公司船舶的装卸组织，另外该公司拥有自己的堆场、仓库和装卸设备，进行滚装杂货的包装。总的来说，欧洲的滚装码头港口与劳务公司分工合理、职责明确、相互依存、互为补充。

五、船舶装卸

欧洲的滚装码头普遍为挖入式港池，岸线长度较长，经常是多艘滚装船同时靠泊作业，因此装卸船时舱内没有定位人员，一般是舱内每条作业线设指挥人员，由商品车驾驶员直接将商品车开进舱内进行定位，每条作业线的人数不固定，通常为8～10人。由于减少了定位驾驶员定位、指挥等环节，欧洲滚装码头工人的装卸效率为6～8辆/（人·h），而减少指挥手、定位驾驶员这些安全保障的前提是商品车装卸驾驶员的技能水平非常高。

欧洲滚装码头的显著特点是汽车物流非常发达，铁路专用线及PDI、VPC车间；码头堆场设计科学合理，最大限度地满足安全、高效的进行场地作业的原则。

第四章 国内滚装码头发展情况及其适应性分析

第一节 我国滚装码头发展现状

一、整车进口口岸发展情况

2004年5月21日，《汽车产业发展政策》（国家发展和改革委员会令第8号）明确将大连新港、天津新港、上海港、广州黄埔港指定为国家汽车整车进口口岸。2009年12月7日，《国务院关于进一步促进广西经济社会发展的若干意见》（国发〔2009〕42号）明确将钦州保税港区列为整车进口口岸，成为我国第五个沿海整车进口口岸。第一批四个沿海整车进口口岸分布在东北地区、华北地区、华东地区、华南地区，而钦州保税港区填补了西南地区的空白。

截至2018年，我国共批复了31个整车进口口岸，其中沿海沿江水运口岸16个、沿边陆运口岸4个、内陆铁路口岸9个、空港口岸2个，见表4-1。

获准进口整车的口岸情况　　表4-1

序号	口岸名称	口岸所属关区	国务院批准时间
1	大连新港	大连海关	2004年5月21日
2	上海港	上海海关	
3	天津新港	天津海关	

续上表

序号	口 岸 名 称	口岸所属关区	国务院批准时间
4	广州黄埔港	黄埔海关	2004 年 5 月 21 日
5	内蒙古满洲里	满洲里海关	
6	深圳（皇岗）口岸	深圳海关	
7	新疆阿拉山口口岸	乌鲁木齐海关	
8	广西钦州保税港区	南宁海关	2009 年 12 月 7 日
9	福州港江阴港区	福州海关	2011 年 12 月 31 日
10	张家港保税港区	南京海关	2012 年 11 月 6 日
11	北京首都机场口岸	北京海关	
12	青岛前湾保税港区	青岛海关	
13	宁波梅山保税港区	宁波海关	
14	重庆铁路口岸	重庆海关	2014 年 7 月 1 日
15	郑州铁路口岸	郑州海关	
16	广州港南沙港区	广州海关	
17	海口港	海口海关	
18	岳阳城陵矶港	长沙海关	2014 年 7 月 1 日
19	新疆霍尔果斯口岸	乌鲁木齐海关	2011 年 9 月 30 日
20	成都铁路口岸	成都海关	2015 年 1 月 5 日
21	深圳大铲湾海运港区	深圳海关	2015 年 1 月 15 日
22	西安铁路口岸	西安海关	2017 年 6 月 16 日
23	唐山港区	石家庄海关	
24	绥芬河铁路口岸	哈尔滨海关	
25	安庆港	合肥海关	
26	厦门海沧保税港区	厦门海关	
27	武汉铁路口岸	武汉海关	
28	银川河东机场航空口岸	银川海关	
29	兰州铁路集装箱场站	兰州海关	2018 年 10 月 24 日
30	长春兴隆铁路集装箱场站	长春海关	2018 年 11 月 2 日
31	赣州铁路集装场站	赣州海关	2018 年 11 月 6 日

二、沿海滚装业务发展情况

汽车产销量快速增长带动内贸滚装船运输蓬勃发展。《国务院关于印发汽车产业调整和振兴规划的通知》（国发〔2009〕5号）用多种鼓励政策拉动汽车消费，其中之一就是2009年开始对1.6L及以下排量乘用车实行购置税减半征收的政策。中国汽车工业协会发布的数据显示，2009年中国汽车累计产销突破1350万辆，同比增长创历年最高，首次成为世界第一大汽车生产国和消费国。

国家加大对车辆运输车超长、超高、超宽的道路运输的整治力度，也有力推动了沿海滚装业务和滚装码头的发展。

全国滚装码头商品车总吞吐量发展情况如图4-1所示。

图4-1　全国滚装码头商品车总吞吐量发展情况

市场发展主要集中于具有腹地汽车生产基地、汽车消费、航运中心等特征的港口城市。如大丰港是货主型代表，出口型代表如烟台、青岛、芜湖，中转型代表如武汉、重庆、南京，综合型代表如上海、天津、广州、大连。

我国水路滚装运输目前主要是客货混运，主要在渤海湾使用较多。缺乏专业货滚船，尤其是半挂车货滚船，长江滚装运输发展潜力巨大，滚装运输潜力远未充分挖掘。滚装甩挂运输刚刚起步，但缺乏专用船舶、专用码头，发展步伐不快。

三、沿海滚装码头建设情况

1. 大连港汽车滚装码头

大连港汽车滚装码头（图 4-2 ~ 图 4-4）位于大窑湾，紧邻大连国际汽车物流园区（图 4-2）。一期工程建有 50000 吨级和 10000 吨级泊位各 1 个，泊位水深 11m，岸线长 470m，陆域面积 24 万 m^2，设计标准车位 6300 余个，设计年通过能力 37 万辆。二期工程建成后，大连汽车码头可拥有 1 个 50000 吨级和 2 个 10000 吨级泊位，可同时停靠 3 艘汽车滚装船，泊位总长度达到 640m，堆场面积达 47 万 m^2（图 4-3）。设计标准车位 2.5 万个，单日平均作业量将近 2100 辆，码头年通过能力 100 万辆，检测车间如图 4-4 所示。大窑湾北岸规划的 5 号 ~7 号泊位分别为 1 个 50000 吨级和 2 个 70000 吨级泊位，待 7 个泊位全部投产后，大窑湾汽车码头的年通过能力将达到 180 万辆。

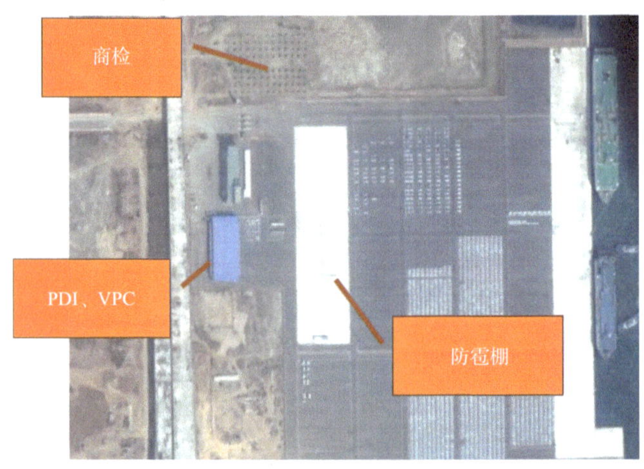

图 4-2　大连港汽车滚装码头全景图

2010 年 11 月，大连汽车滚装码头港内铁路线投入运营，成为国内拥有港内铁路线的沿海汽车滚装码头。大连汽车滚装码头成功实现海铁联运，有助于其集疏运体系的功能完善、能力扩充，也有助于其继续向东北亚国际汽车中转港和欧亚大陆桥运输业务的重要口岸迈进。

图 4-3　大连港汽车滚装码头堆场

图 4-4　大连港汽车检测车间

2. 天津港滚装码头

天津港滚装码头（图 4-5）由天津港滚装码头有限公司码头和天津港环球滚装码头有限公司码头两部分构成，占据我国进口汽车的 1/3 市场份额。

天津港滚装码头有限公司码头岸线长 471.7m，码头前沿水深为 14.1m，拥有 2 个 50000 吨级的泊位，年吞吐能力 10 万辆商品车及 150 万 t 食用油，堆场面积 8 万 m^2，设计存放 4800 辆商品车。拥有首座商品车专用多层汽车库，占地面积约 3.3 万 m^2，建筑面积 10.6 万 m^2，为 5 层封闭式车库，设计标准车位 3500

余个，具备商品车检测、改装、整备、清洗、维修、贴标、分拨等综合服务功能。目前，企业聚焦滚装业务系统智能化应用、物流系统智能化升级以及现场智能化管控，打造滚装智慧物流。

图 4-5　天津港滚装码头

天津港环球滚装码头有限公司码头岸线总长度为 580m，也拥有 2 个 50000 吨级的泊位（码头结构按照 75000 吨总吨级预留），码头前沿水深 11.5m，陆域总面积 29.6 万 m^2，设计车位数 1.4 万个。

3. 上海海通国际汽车码头

海通码头是全国第一个，也是上海口岸唯一的专业滚装码头，一期工程于 2003 年 12 月 23 日投产开业。码头泊位长 219.4m，前沿水深 12m，能停靠第五、第六代大型滚装船舶，陆域面积 27 万 m^2，拥有可同时停放 7000 辆汽车的专用停车场。2010 年 12 月海通码头的二期工程上海外高桥六期滚装码头（图 4-6）投入运营。拥有长度为 513m 的 2 个 50000 总吨级汽车滚装泊位，以及长度为 217m 的 2 个长江泊位，拥有 63 万 m^2 堆存场地，面积 7.7 万 m^2 的亚洲最大的汽车室内立体库、7216m^2 的 PDI 中心，年吞吐能力可达到 100 万辆。外高桥六期码头建成了我国第一个最具规模的汽车物流港区，2 个五层楼高的汽车室内立体库及 PDI 中心已在建设之中，如图 4-7 所示。

图 4-6　海通码头二期工程全景图

图 4-7　汽车室内立体库

上海海通国际汽车码头有限公司（简称上海海通）是同行中首家获得国家认证认可监督管理委员会认可的企业，平均每天为超过 1200 辆汽车出具权威的检测报告，同时根据客户的要求提供各类增值服务。目前拥有 3 座大型室内立体停车库，正规划新建 1 座室内立体停车库和 1 座自动立体停车库。配备齐全的专业设备和经验丰富的专业团队，可为客户提供各类特种车及重大件装卸服务，以及便捷的江海联运服务。

通过整合集成口岸物流供应链资源，上海海通形成整车和零部件两个物流平台，目前为40多个世界知名汽车品牌客户提供一体化汽车物流解决方案。整车物流平台已形成供应链管理、信息服务、码头装卸、整车检测、加装改装、售前检查、仓储管理、整车运输、进出口代理和国际中转等十大类服务产品。零部件物流平台是中国首个口岸零部件物流中心，可日处理零部件1300TEU，业务覆盖韩国、印度和埃及等5个国家和地区，为35家各类汽车厂商提供一体化零部件物流服务；现已形成供应链管理、信息服务、零部件多式联运、口岸零部件集拼、进出口代理等5大类服务产品。在国内外设立了沈阳、烟台、武汉、韩国仁川等11个零部件物流网点，成熟运作的南北航线和致力开拓的长江航线，构建了覆盖我国主要汽车生产基地的沿海、沿江T字形物流网络。

上海海通牵头主编的《商品车辆滚装专用码头滚装作业安全操作规程》已成为国家标准；其自主研发的专业工具和设备获得了国家专利；整车和零部件两大物流平台为客户提供船舶靠离港、作业计划、货物状态和位置等实时信息，实现物流供应链全程可视化管理，确保每一个物流环节的安全可靠。在质量管理能力上，上海海通获得了挪威船级社管理体系认证，持续推动企业质量和风险管理水平的提升。

4. 广西钦州保税港区进口口岸

广西钦州保税港区是我国唯一具备整车进口口岸功能的开放层次最高、功能最齐全、政策最优惠的保税港区，钦州保税港区是我国西部沿海唯一的保税港，是我国距东盟最近的保税港区，地处中国—东盟国际大通道和西南地区出海的最前沿，是广西北部湾经济区开放开发的核心平台和强力引擎。

港区规划面积10km^2，北至金光工业园启动区，西至钦州港10万吨级进港航道，东至大环作业区后方陆域，南至大榄坪南作业区。图4-8为钦州保税港区进口口岸功能分区，由码头作业区、保税物流区、出口加工区和综合服务区四个部分组成。港区拥有岸线长 4.6km，与世界自由贸易港功能接近。

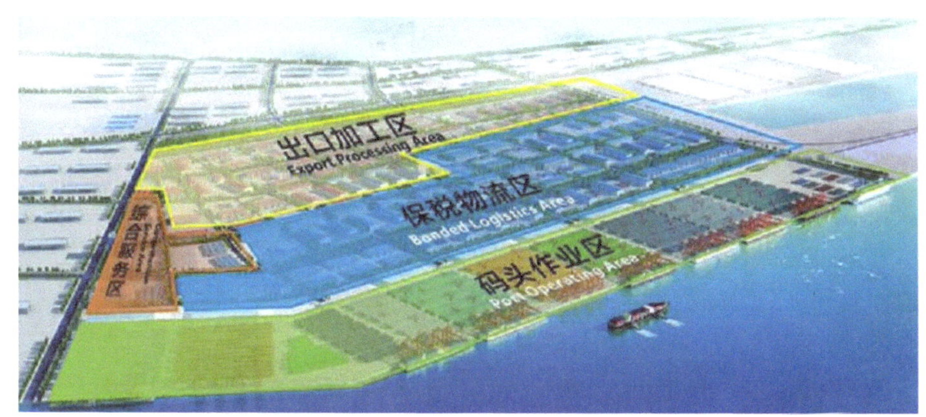

图 4-8　钦州保税港区进口口岸功能分区

经过十年建设发展，现今广西钦州保税港区已建成 11 个码头泊位，其中 10 万吨级集装箱泊位 8 个、70000 吨级滚装泊位 1 个、50000 吨级泊位 2 个；开通 40 条集装箱航线，其中国际班轮航线 22 条、国内班轮航线 18 条，覆盖了亚洲所有重要港口。并加快形成航运物流、大宗商品贸易、整车进口、酒类进口、国际商品直销、冷链物流、加工贸易等特色产业，已初步建成广西面向东盟、面向国际的重要窗口和平台。

5. 青岛港滚装码头

青岛港将形成“一湾两翼辖六区”的总体发展格局，即青岛港环胶州湾和南翼董家口、北翼鳌山湾布局发展，下辖老港、黄岛、前湾、海西湾、董家口和鳌山湾共六大港区。青岛港六大港区的码头岸线总长约 68km，可布置生产性泊位 241 个，综合通过能力约 10.4 亿 t，年运送旅客人数 180 万人次，港口生产陆域面积约 7155 万 m^2。

青岛港滚装码头由青岛前湾联合集装箱码头有限责任公司经营，青岛港为天然良港，港池不淤不冻，滚装船可随时靠泊，不需要等待，综合物流成本较低。拥有专业泊位两个，岸线长 648m，水深 15m，可同时停靠两艘世界上最大的滚装船，设计年周转能力 10 万辆。

青岛港码头堆场如图 4-9 所示。

图 4-9 青岛港码头堆场

2020 年 1 月 1 日凌晨，“日内瓦湖”号汽车滚装船载着 366 辆中国二手车，自青岛起航，远赴非洲吉布提港。此次二手车出口量创全国之最，是山东省首次采用批量滚装形式出口发运二手车。

2020 年 3 月，装载 65 台中通客车的滚装船“苏格拉底”号船从青岛港起航，标志着青岛—北美洲滚装航线首航成功。随着青岛港北美洲滚装新航线的开通通航，将为山东省内及周边企业提供直航北美洲的经济、便捷的物流通道，进一步增强滚装航线品牌和集聚效应，使山东港口充分发挥直航快速高效、航线服务多样的优势，为客户提供更多丰富便捷的选择。

四、长江沿线滚装码头建设情况

长江沿线地区集中了全国 1/2 的汽车产量，靠近汽车整车厂的长江沿线，如重庆、武汉、芜湖、南京等港口都纷纷建起了汽车滚装码头，全国内河专业汽车滚装码头已达 20 多个。长江是内河运输的主要航线，2017 年长江干线年通过能力：载货滚装汽车 218 万辆、商品滚装车辆 238 万辆。

1. 重庆汽车滚装码头

果园港是重庆市重点规划的现代化内河港区，由重庆港务物流集团有限公司投资建设，定位为长江上游最大的集装箱集散中心、大宗散货集散中心、商品车集散中心、大宗生产资料交易中心和综合配套服务中心。

果园港区占地 4km^2，拥有岸线 2800m，分为港前作业区和后港物流园区，总投资约 105 亿元人民币。现已全面建成 5000 吨级泊位 16 个，其中商品车滚装泊位 3 个，件杂货泊位 6 个，集装箱泊位 7 个。

港区设施配置见表 4-2。

港区设施配置　　表 4-2

序号	属　性	岸线（m）	泊位（个）	堆场（m^2）	设计能力
1	集装箱	760	7	24 万	200 万 TEU
2	件杂货	约 1000	6	16 万	2000 万 t
3	商品车滚装	400	3	40 万	100 万辆
合计		2800（含不可用和间隔岸线）	16	80 万	3000 万 t

重庆港主要有 5 个滚装船码头，寸滩、郭家沱、佛耳岩、黄旗和红溪沟。

寸滩港区二期工程于 2009 年 12 月 31 日投产。寸滩二期建成 5000 吨级滚装船泊位 1 个，商品车设计年通过能力 15 万辆。寸滩港区一、二期码头商品车年通过能力达 30 万辆。

郭家沱滚装码头有 3000 吨级泊位 2 个，年通过能力 10 万辆。港口经改扩建后设计年吞吐量 35 万辆。

重庆佛耳岩商品汽车滚装码头于 2008 年 12 月 25 日开港。佛耳岩滚装码头建有 400 车位滚装船泊位 1 个，年吞吐能力 20 万辆。佛耳岩商品汽车滚装码头发展迅猛，逐渐成为主城港区不可缺少的重要枢纽。

红溪沟滚装码头有 2000 吨级汽车滚装码头 1 个，年通过能力 20 万辆。

黄旗滚装码头有重载滚装泊位 1 个，年通过能力 18 万辆。

另外，重庆地区还有长航商品车滚装码头，该码头由长石尾和东风2个滚装码头组成，位于江北区唐家沱，距重庆主城区15km，年通过能力分别达到10万辆和20万辆，主要为东风、长安等大型汽车制造商提供商品车滚装服务。

2. 武汉汽车滚装码头

武汉有4个商品车滚装码头，其中，武汉港沌口商品车滚装码头是长江沿线最大的专业汽车滚装码头。码头前沿岸线490m，常年水深在5m以上，陆域面积12.8万m^2，可一次性停放6000辆汽车。码头设计年通过能力为13.9万辆，实际可达到25万辆以上。不断提升的滚装量早已突破最初设计上限，沌口滚装码头正在实施扩建，计划新增1个5000吨级的泊位，实施双通道作业，到时可将吞吐量提升到每年40万辆。同时增加堆场面积至50万m^2，以增加其中转能力。

3. 芜湖汽车滚装码头

芜湖奇瑞汽车滚装码头有限公司占地面积35536m^2，岸线长148.5m，泊位水深约8m，设计吞吐量为每年10万辆商品车。芜湖奇瑞汽车滚装码头结构为浮码头型，设有一个商品车滚装专用泊位，可停靠5000吨级汽车滚装船。现有一个5400m^2的立体存车堆场，可一次性堆存标准商品车3200辆。这是中国首座由汽车企业修建、专用于汽车输出的滚装码头。

于2012年8月建成的奇瑞汽车大连生产基地，是奇瑞在国内除芜湖以外投资的首个生产基地，与奇瑞滚装码头形成江海联运的崭新格局，大连基地生产的车辆运到奇瑞汽车滚装码头，再和芜湖生产的车型一起分拨到其他各地。奇瑞汽车滚装码头逐步由现在的汽车出口型码头转为进出口型滚装码头。

4. 南京港新生圩汽车滚装码头

南京港新生圩汽车滚装码头于2001年开工建设，建有1万吨级泊位、1000吨级泊位各1个，码头间设滚装平台。码头结构为浮式趸船形式，泊位长度为340m。趸船长120m、宽19m，为目前长江上最大的趸船。场地占地总面积12万m^2，其中存车场和通道面积为8.4万m^2，一次存车可达6000辆，年通过能力为36万辆轿车。

第二节 滚装场站适应性分析

截至2018年底，我国港口滚装码头公司有22个，专用/兼营滚装泊位为50个，岸线总长12776m，总设计产能816万台。经过十几年的发展，滚装场站严重匮乏的局面得到一定改观，我国滚装场站建设取得了一定成果，为商品车等货类滚装运输的快速发展夯实了基础。就汽车滚装运输而言，未来滚装码头的发展方向应该趋向于汽车物流中心，服务内容趋向于垂直“一体化”，包括整车制造商、代理店和船公司，提供综合服务，即除滚装装卸、堆存外，还应提供包括汽车报关、单证编制、出口前检测、对故障车检修、洗车、配送、汽车加装改装等服务。而我国目前的滚装码头还不能适应发展需要，普遍存在一些不足之处，急需改造和升级等措施以适应滚装运输发展的需求。

一、滚装场站规模与设施设备

总体上，我国现有滚装场站规模小、功能弱，主要体现在两个方面：一是商品车专用多层汽车库建设处于起步阶段，数量少，不能适应我国商品车滚装运输快速发展的需要。二是对滚装运输认识不足，部分码头规划建设滞后于产业结构调整、交通物流的发展，部分基础设施建设体量小或者功能的缺失和弱化。

同时，滚装运输对场站设施也提出特定的技术要求。例如，汽滚运输是一种高效率的组织方式，为提高场站内作业效率，仓库的设计等应满足特定的要求，同时，需要设置专门的出口前检测、对故障车检修、洗车等衍生功能区。我国多数滚装码头由传统的作业场站改造而来，原作业场地空间相对狭小，仓库与仓库间、仓库与围墙间预留的车辆进出通道以及进行运输作业的区域相对较小，对车辆进出站以及周边的交通环境等方面造成了拥堵等影响，导致滚装运输高效率的优点难以充分发挥。

二、信息化管理水平

滚装场站的信息化程度直接影响场站的管理水平，从而影响滚装运输作业效率。滚装运输组织对流程、场地作业条件、设备和时间等都有较高的要求，我国码头集装箱吞吐量居于世界前列，码头集装箱的信息化水平也达到了世界先进水平。除了EDI电子口岸以外，还有船公司的集装箱运输管理系统（CTMS）、码头的集装箱码头管理信息系统（CTMIS）和堆场管理系统等，基本可以实现集装箱的即时定位、查找和自动化运输等作业。如上海集装箱码头有限公司（SCT）已实行了全程作业信息电子化，天津港的信息技术应用状况也可以满足多式联运的要求。但从目前的滚装运输发展实际来看，滚装运输企业、码头经营企业均迫切需要加快信息系统的建设，适应滚装运输业务链条的延伸，为实现智能化发展提供必要的技术支持。

第五章 滚装作业场站需求分析与功能设计

第一节 场站类型

一、滚装作业需求分析

滚装作业需求分析是根据滚装市场的货物吞吐量、作业量及分项作业量情况进行分析并预测需求。其中，货物吞吐量参照公路货运站和港口等行业的有关标准定义为滚装作业场站划定的整体边界范围内，以铁路、公路、水运、民航、管道等各种运输方式运进运出的货运量，场站内部各功能区之间的接驳、换装作业，各功能区内部装卸存储作业不在货物吞吐量范畴。作业量发生在场站内部的换装、加工、仓储、装卸、配送、联运、甩挂、包装等作业环节发生的作业量，通常情况下场站的作业量大于或等于吞吐量。

滚装作业需求的分析和预测指标一般包括：吞吐量、作业量的总量指标及其各分项指标。

总量指标反映场站整体滚装作业规模，是场站整体用地规模等设计要素的判断依据，主要包括货物吞吐量和物流作业量指标。

分项指标，滚装物流作业的分项指标是指场站内依据运输方式、作业方式或货类差异等所开展的不同物流服务活动统计值。通常衡量的单位和量纲不一致。

其中，吞吐量分项指标主要包括各运输方式吞吐量指标、集装箱吞吐量和国际货物吞吐量指标等；作业量分项指标主要包括仓储堆存、装卸搬运、货车停车、海关作业等。

二、滚装作业类型确定

我国滚装作业类型依据货品的不同，主要分为商品车（整车）滚装运输、工程机械滚装运输和件杂货滚装运输等三类（图5-1～图5-3）。本书主要研究依托港口开展的滚装作业。

图5-1　商品车（整车）滚装运输

图5-2　工程机械滚装运输

图 5-3　件杂货滚装运输

三、滚装作业场站的划分

滚装作业场站可以分为商品车（整车）滚装作业区、工程机械滚装作业区、件杂货滚装作业区等类型。

1. 商品车（整车）滚装作业区

主要服务于商品车（整车）滚装运输作业以及整车干线与短驳相结合的作业区。如大连港汽车滚装码头、武汉汽车滚装码头等。

2. 工程机械滚装作业区

主要服务于工程机械滚装运输作业。

3. 件杂货滚装作业区

主要服务于件杂货滚装运输作业。

第二节　滚装作业场站的功能设计

滚装作业场站既要满足如运输组织、中转和装卸储运、中介代理、通信信息等货物运输的一般功能，还根据其组织模式、服务对象和货类等条件具备特殊的功能，如报关、商检、运输、PDI、VPC增值服务等特殊服务功能。

滚装作业场站应根据其区域特点，立足于自身战略定位和市场分析，同时兼顾未来客户的可能需求与发展潜力，划分功能区域，进行空间布局。

一、基本功能

1. 堆存功能

滚装船公司正常营运的整车、工程机械、件杂货等从滚装船交给货主前必须经过堆场作为缓存。因此，堆场要兼顾货种的仓储、物流加工用地，通过港口集疏运体系以及场站运输系统，服务于港口和城市。

2. 交接功能

整车、工程机械、件杂货等的交接工作是其运输的一个重要环节，其中汽车滚装码头堆场与提车/集车人间的交接往往是划分车辆所有人、车辆承运人以及车辆接收人责任的基础。

3. 货运功能

滚装码头堆场涉及的货主众多，各种车辆作业频繁，对车辆保管的要求也各有不同。堆场要保证这些车辆安全、准确、快捷和经济的运输，必须要有完善的货运保障机制。

二、场站功能设计

1. 码头泊位区

码头泊位区是商品车等滚装货物通过滚装方式上、下船的区域。操作工艺是：船舶的航跳板或舯跳板下放、搭接至码头面，商品车由专业驾驶员自行开上、开下完成装卸船作业（图5-4）。

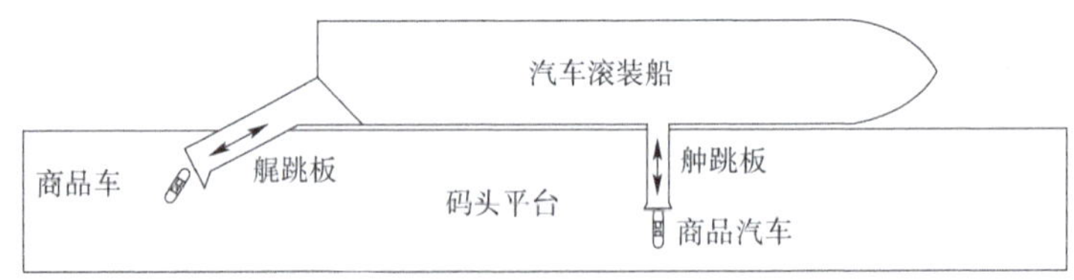

图5-4　商品车上、下船工艺

2. 码头前沿作业区

前沿是指自码头岸壁的岸壁线起，到码头堆场前的这一部分区域，是船舶装卸作业中重要的一部分面积。前沿必须要有一定宽度，不能过窄，以免引起装卸作业混乱，影响整个码头的工作效率。

3. 滚装码头堆场

滚装码头堆场是指码头在装卸滚装船时临时存放进出口商品车以加快船舶装卸作业速度的场地，是码头装卸作业过程中一个重要的环节。码头堆场既是港口装卸货物的基础设施，也是码头重要的作业资源。堆场使用效率的提高对码头整体作业效率的提高影响巨大，此外码头中各类增值服务设施对提升码头价值、降低运营成本也起到积极的作用。因此，专业汽车码头的堆场在设计、使用上有别于传统意义上的堆场，这就为滚装码头堆场设计和使用规范提出了新的要求。

典型的滚装码头堆场属于汽车堆场区（仓储区），是港口储存商品车的主要场所。一般堆场上以道为单位存放一定数量的整车，在有些码头，道又被划分为相同尺码的车位，这种车位又被称为标准车位。堆场是由若干个堆区组成的，一个堆区由若干个道组成。因而，标准车位的汽车滚装码头可由堆区号、道号以及位号等 3 个数字确定车辆停放的位置。

汽车堆场还可以布置专门的特种车堆存区域，在该场地内可对特种车提供冲洗、组装等服务。

4. 整车分拨中心

整车分拨中心由汽车堆场及增值服务区的多个功能区集合而成，一般包括地面停车场、多层停车场、VPC 服务中心、分拨场地等。整车分拨中心的概念是在外贸进口整车清关完成后，在地面停车场或多层停车场储存，或者在 VPC 服务中心进行检测、加装、改装，最后通过分拨场地完成整车分拨。整车分拨中心配合汽车展示厅可在港内完成汽车贸易。其中，VPC 服务中心是港口最重要的增值服务设施，是为客户提供一站式、个性化汽车增值服务功能的主要场所，包括 PDI 一般功能，并有所延伸。其功能一般包括：提供车辆堆存期的维护、修理，清洗车辆，汽车美容、涂漆，车辆改装，汽车安装辅助设备（如遮阳顶、空调系统、皮座椅等）以及满足特殊车辆改装要求的服务。

PDI 检测线区域是整车分拨中心主要组成部分。PDI 检测可以分为进口商品车法检和分品牌检验两种。法检是指国家市场监督管理总局对进口商品车进行的法定强制性检验；分品牌检验是根据不同汽车厂商的需求在用户最终提车前，对外观、性能等再次进行检测，确保用户购买到高品质车辆的一系列操作。PDI 检测一般提供车辆清洗、外观检测、内饰检查、随车配件检查、功能检查、油电检查、故障排除等功能的流水线式服务，主要是为外贸进出口商品车提供服务。

VPC 汽车服务中心，主要服务于外贸进口高货值商品车，是为用户提供一站式、个性化汽车增值服务功能的场所。它除了包含传统 PDI 的功能外，还提供喷漆、汽车美容、维护修理、改装、换装说明书等一系列高附加值服务。因其提供的服务处在码头作业流程的末端，因此，一般布置于堆场边角靠近提货区的位置。

5. 汽车零部件中心

汽车零部件中心主要以仓库的形态布置在港内，为内外贸售后汽车零部件的储存、分拨及转运服务。零部件在仓库内一般采用货架方式储存，其集疏运依靠集装箱、载货汽车及平板车完成，分拨及转运时还需要进行集拼业务。

6. 中央控制室（区）

中央控制室（区）是滚装码头作业的指挥调度中心，是码头作业的中枢机构，配备视频监控系统。其任务是对堆场上的整车调度计划进行监督、指挥和实时调度。因此，其应设在能清楚地看到堆场、码头前沿以及堆场的位置。

7. 道口

道口是汽车滚装码头的出入口，整车的交接点，因而也是区分码头内外责任的分界点。道口一般设置在汽车滚装码头的后方。

第六章

滚装作业场站作业工艺

因货物特性、物品价值等因素不同，滚装货物需要不同的作业工艺。目前，我国滚装作业工艺依据货品的不同，主要分为三类，分别是商品车（整车）滚装装卸工艺、工程机械滚装装卸工艺、件杂货滚装装卸工艺。

第一节 商品车（整车）滚装装卸工艺

商品车是滚装码头最主要的装卸货种，通过滚装码头进行滚装装卸的商品车主要是乘用车。相比其他品类货物，商品车一般均是裸装，且单品货值高、货损对货值损伤大。滚装码头商品车装卸过程，要求高标准的工艺水平及装卸质量。

一、商品车滚装装卸流程

汽车滚装码头作业流程从汽车流的角度来看，可以分为进口流程（卸船）和出口流程（装船），中转流程可以看作是一种进口与出口的特殊结合。

1. 汽车滚装码头进口作业流程

汽车滚装码头进口作业流程为：商品车停放至滚装码头的堆场，在堆场上经过短暂的存储后，通过储运车辆离开堆场送达消费者，如图 6-1 所示。

（1）进口卸船计划：由调度室根据船舶近期计划安排船舶靠泊。

（2）进口卸船：根据进口卸船计划来实时调度组织卸船。

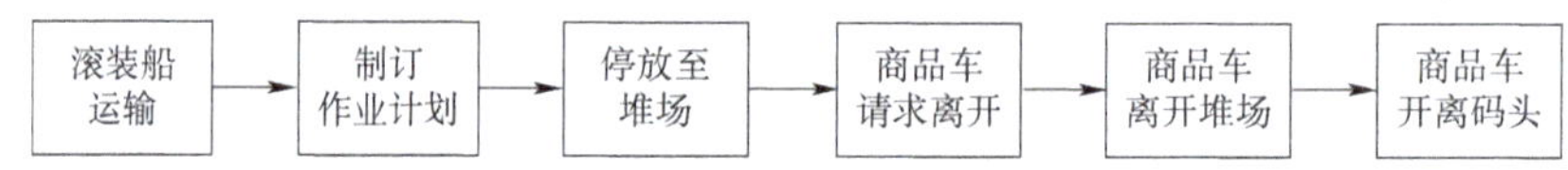

图6-1 汽车滚装码头的进口作业流程

（3）堆场作业：包括移车、提车作业。移车作业主要是为了提高滚装船所属车辆在堆场的集中程度，掌握车辆运转动态，更好地安排下一次装卸作业。

（4）出场作业：货主根据相应的单证到车辆客户服务区办理提车手续后，由搬运车到堆场的后方提车，码头工作人员把所属车辆装载到搬运车上，搬运车经过道口出场。汽车滚装码头堆场空间资源有限，应对堆放超过一定期限的车辆进行疏港作业。

（5）对非正常车辆的处理。

“非正常车辆”指因各类原因无法正常起动或起动后无法正常行驶的商品车，具体包括：①燃料不足的车辆；②蓄电池电量不足的车辆；③轮胎漏气的车辆；④无法起动的车辆；⑤需要牵引车牵引的车辆。

码头装载作业人员一旦发现“非正常车辆”，应及时通知单船指导员，以便单船指导员与船方联系处理相关事宜。

①燃料不足的车辆。装卸作业人员应先将车辆移动到不妨碍其他车辆装卸作业的区域，并保持船舱通风。单船指导员再与船方确认是否进行加油，如需港方提供加油服务，应关闭电源，准备好燃油和灭火器。因安全性控制难度较大，禁止燃气型车辆在舱内补充燃料。

②蓄电池电量不足的车辆。如需港方提供充电服务，则应先确认甲板高度充足后，打开发动机舱盖。确认车辆处于关闭状态，用线逐次连接移动电源与车辆电池间的正极、负极，在确认连接两个蓄电池的导线已连接完毕后，再起动发动机，充电结束后应逐次断开移动电源与车辆电池的负极、正极，并收好线缆。

③轮胎漏气的车辆。根据船方指示对车胎进行充气或更换备胎。在进行车胎拆卸和重新安装过程中，应注意保持车辆的稳定性，并关注胎压等相关问题。

④无法起动的车辆。根据船方要求做进一步作业安排，如调用牵引车进行牵引作业，或及时联系码头工程技术人员对故障车辆进行解锁和及时维修。

⑤需要牵引车牵引的车辆。牵引作业应由指定人员现场进行指挥，应确认车辆的转向性能和制动性能正常，牵引装置应连接在专用牵引点上，确认牵引装置连接牢固，且不会损伤车辆。

2. 汽车滚装码头出口流程

汽车滚装码头出口流程为：汽车生产厂商把汽车停放到汽车滚装码头堆场，然后将汽车滚装上船送离码头，如图 6-2 所示。

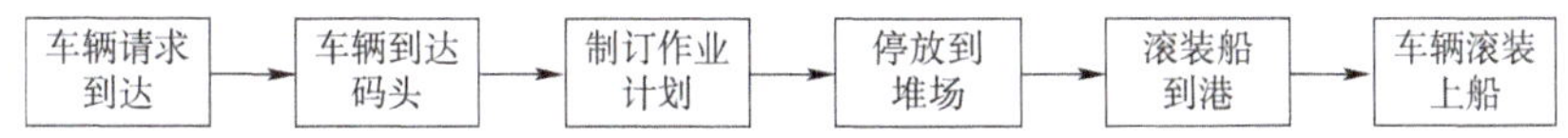

图 6-2　汽车码头的出口作业流程

（1）集港：汽车滚装码头根据船舶的船期确定集港时间，货主在办理好所有的出口业务单证后，使车辆经过汽车滚装码头的道口到达码头后方作业区，停放到堆场等待装船。

（2）滚装船配载：根据船期以及船公司或船代的出口预配载图，对出口车辆进行船舶配载，同时得到船方大副的同意并签字，准备装船。

（3）出口装船：实际装船作业由调度室指挥，以班为单位把车辆驶到滚装船上。

二、商品车滚装装卸工艺要求

1. 作业人员技能素质要求

从事商品车滚装装卸工作的人员主要包括驾驶员、信号员、绑扎工等。上述工作人员都须经过岗前培训，系统地掌握专业的操作技能，全面地熟悉岗位操作规程，熟悉有关的安全生产规章制度。

2. 作业人员作业工具要求

装卸作业人员皆应穿着整洁且无外露硬质物的工作服（包括手套、安全鞋等），工作服具有醒目的黄色反光带，信号员还应配备闪光棒、信号旗、哨子等作业工具。码头车辆上安装倒车警告声光信号装置，可在确保码头和船舱内进行作业的人员的生命安全方面发挥巨大的作用。

3. 作业场地照明要求

必要的照明保障是正常滚装装卸作业的重要前提。车辆滚装作业时，舱内、码头、堆场、作业道路的照明照度应符合交通行业标准《港口装卸区域照明照度及测量方法》（JT/T 557—2004）的要求。

4. 船方作业前准备工作要求

确认作业层的船舱高度，确保舱内坡道、通道等出入口的高度与宽度符合通行要求；检查确认船舱内的通道和甲板按照要求正确设置和打开；确保船舱作业甲板上的照明设备、通风设备处于良好的工作状态；检查确认跳板、升降平台等操作所需的船舶设备设施状态，并在跳板下放置衬垫物；配备充足、良好的绑扎工具，放置在适当位置。

5. 港方作业前准备工作要求

作业前召集全体参与作业人员，明确各作业组的作业路线，防止作业线路的交叉；明确路线上的船舱高度、宽度等作业环境，保证车辆安全通行；明确特殊车辆的操作方法及驾驶时的注意事项；封闭作业路线，在操作难度大或有一定危险性的位置设立警示标志，配置信号员指挥作业。

三、商品车滚装装卸生产作业方案

商品车滚装装卸过程中，根据候装和停放位置的不同，其生产作业方案可分为两种。两种方案适合不同条件，应根据滚装船舶、码头、堆场及作业人员实际情况相应选择。

1. 方案一

码头前沿面积有限的栈桥式海港滚装码头或使用趸船作业的内河滚装码头，多直接将商品车由滚装船卸载至码头堆场或由码头堆场驶入滚装船舱。但商品车从堆场驶出到完成舱内定位作业路线较长、耗时较长，导致船舶靠港时间长，船舶周转效率低下，如图 6-3 所示。

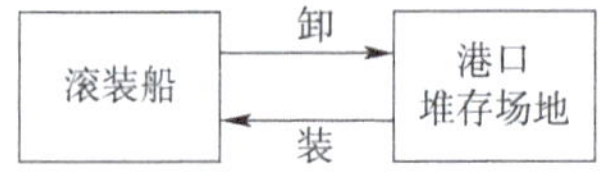

图 6-3　滚装码头装卸生产方案一

2. 方案二

码头前沿设置临时性堆放场地，商品车先由滚装船卸载至码头前沿后再移至堆存场地完成卸船作业；反之，装船时，商品车先由堆存场地移至码头前沿，再由码头前沿装载至滚装船，如图 6-4 所示。

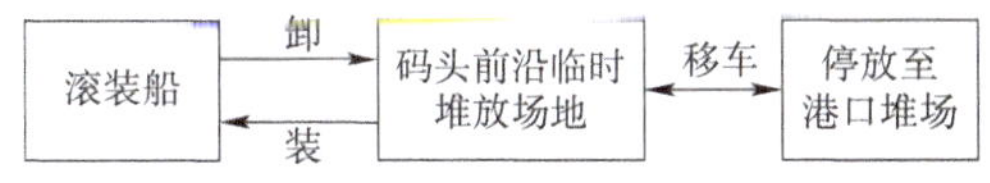

图 6-4 滚装码头装卸生产方案二

方案二较方案一的优点是，商品车从堆场到码头前沿作业过程可提前完成，缩短驶入滚装船舱内定位作业路线，减少船舶靠港时间，提高船舶周转效率，但其仍无法满足大批量商品车的装卸作业需求。

四、商品车滚装装卸工艺流程

商品车滚装装卸（简称为“滚上/滚下”）通常通过码头作业人员（驾驶员）逐辆驾驶商品车进行上下船作业，其装卸工艺过程可以分为“一步式”和“分步式”。

“一步式”装卸工艺是指由一位作业驾驶员完成全部的装卸操作。如图 6-5 所示，驾驶员驾驶汽车自货场驶入舱内并定位到指定位置，或反向操作，即由指定位置驶出码头货场并停入指定位置。此过程驾驶员乘坐交通车往返。

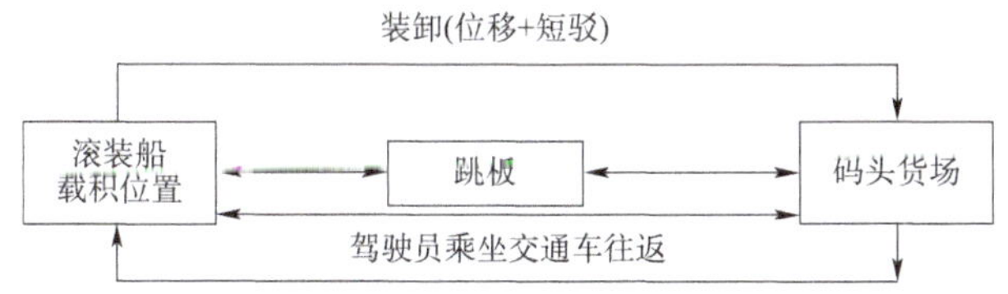

图 6-5 商品车“一步式”装卸工艺流程示意图

“分步式”装卸工艺具体分为“短驳”和“舱内定位”两个步骤，如图 6-6 所示。“短驳”由短驳驾驶员将商品车自码头货场停放区驶入舱内或自舱内驶出到码头货场停放区，短驳驾驶员乘坐交通车返回。“舱内定位”是由专门的定位驾驶员负责具体操作。“分步式”装卸工艺将装卸作业人员的分工细化为短驳驾驶员和定位驾驶员，降低了操作难度，提高了安全生产作业水平。

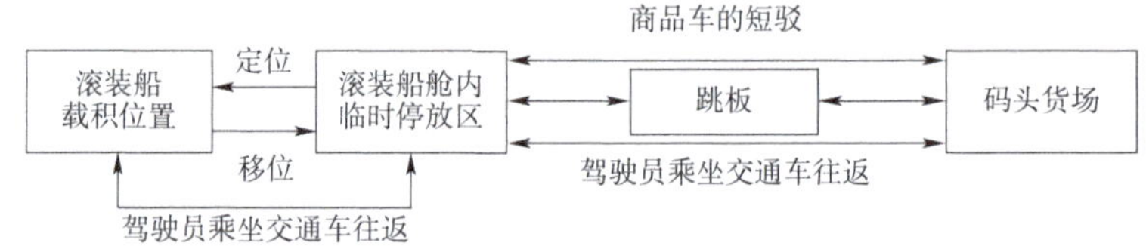

图 6-6　商品车“分步式”装卸工艺流程

1. 装船作业前

港方组织召开船前会，协调安排装船事宜；单船指导员根据作业计划将作业内容布置给作业队，并在开工前组织作业队召开跳板前会议。具体做法：检查滚装船的跳板放下的高度，确认船舶跳板的落地前沿已铺上橡胶垫子，避免商品车的头部和底部因跳板弹跳而被撞坏。

利用交通锥等对作业区域进行必要封闭。

准备好蓄电池、蓄电池线、燃油、渡板、信号旗（灯）等作业用品（备品）。

在舱内布置行走作业路线，且全体作业人员和交通车进行试走，明确作业人员的作业路线，减少作业的无序性和随意性，提高安全性。

在舱内近坡道、拐弯、立柱等危险区域摆放交通锥并确认舱高，以帮助作业人员特别是短驳及定位驾驶员明晰作业困难区域，提高作业安全性。

2. 装船作业中

装船作业分为从堆场到舱内临时停放区域的短驳环节、从舱内临时停放区域到指定积载位置的定位环节、定位停车后的车辆绑扎系固环节等。

1）短驳环节

短驳环节可分为车辆堆场起动环节、堆场至船舱的行驶环节、船舱内停车环节。

一是起动环节，包括短驳驾驶员确认装船车辆的车种、目的港等基本信息。在堆场起动商品车前应先围绕车辆检查一遍，确认无车损才可起动车辆，如有车损须向堆场员报告确认登记后，才可起动车辆。

二是堆场至船舱内临时停放区城的行驶环节。应按照装卸作业开始前确认的行驶路线行驶，一般要求港内道路的行驶速度在35km/h以下；船舱和堆场内的行驶速度通常控制在20km/h以下；转弯或通过跳板时车速控制在5km/h以下。当车速为20km/h时，前后两车间距应该保持在15m左右（不同滚装码头对速度限制和安全间距的要求略有不同），具体见表6-1。

商品车滚装作业时车速与安全距离对应表 表6-1

车速	5km/h	20km/h	30km/h	40km/h
空走距离	2m	6m	8m	11m
制动距离	1m	3m	6m	11m
两车间距	1.5倍车长	15m	20m	25m

需要注意的是，同一个坡道上一般只能允许1辆车通行，其他车辆应该在通道口等待信号通行。出现停车或堵车的时候，需保持1.5倍车身长度的安全距离，注意斜坡通道不能停车。行驶过程中一般不允许停车，如短驳驾驶员因某些原因必须停车时，应打开危险报警闪光灯，驶离通行道路；如因缺油或故障不能继续行驶时，应打开危险报警闪光灯，指挥其他车辆绕行，在确保安全的情况下，通知作业队长或单船指导员采取应急措施。在船舱内行驶，车辆禁止从甲板上的绑扎带或者其他物体上驶过。

三是船舱内停车环节，短驳驾驶员到达临时停放区成后，按照定位驾驶员的指示（如需倒车，必须有信导员进行指挥），按规定顺序缓慢停车。下车要注意打开车门时避免与周围障碍物碰撞，注意脚部不要碰到车门内饰。离开车辆后，从安全路径返回到交通车内，或在舱边安全且不影响定位作业的区域等候交通车。

2）定位环节

定位环节可分为定位驾驶员舱内起动车环节、舱内定位环节、定位后停车环节。

一是舱内起动车环节。定位驾驶员需事先确认目的港和积载位置，以及确认车头和车轮的方向，打开车门上车，按规定顺序起动车辆，根据定位信号员指挥松开驻车制动器手柄，缓慢起动车辆，禁止突然加速及转向。

二是舱内定位环节。不同类型的车辆所使用的定位方法不同。一种是针对轿车、小型客车、多用途货车（皮卡车）等各种小型车辆的三步定位法；另一种是针对无助力转向的大型客车、货车、特种机械等在舱内无法掉头车辆的直接定位法。其中，三步定位法要求定位信号员站在待定位车辆副驾驶位置侧后/侧前方进行指挥，指示车辆后退/前进，车尾/车头到达定位位置后，再指示驾驶员调整转向盘并后退/前进，待车身完全回正后，指示驾驶员回直转向盘（至于车辆是采用后退倒车定位还是前进顺车定位，目前根据滚装码头的行业惯例，外贸船装船采用倒车定位、内贸船装船采用顺车定位）。定位信号员再站到车辆预定位置驾驶室侧后方，指示车辆后退/前进，以完全到达定位位置，完成定位操作。在三步定位法中，需要特别注意的是，车辆移动和转向盘转动操作不能同时进行。直接定位法则是定位驾驶员在倒车定位过程中，按照定位信号员的指挥，实现车辆的定位，车辆进入定位位置前，应处在定位位置正前方。后方视野较差车辆定位时，应在车头增设定位信号员，协同车尾信号员进行指挥。无论何种定位方法，定位操作车辆速度一般要求不超过5km/h。

三是定位后停车环节。定位驾驶员需按规定操作顺序停车，定位驾驶员下车时应防止脚部碰到车门内饰；离开驾驶舱后，将原来的保护用品（如车衣）复原。定位信号员确认车内钥匙（一般放在烟灰缸内）及挡位摆放正确，驻车制动器锁止后，关闭车门。关于定位停车需要注意的是，车辆定位停在坡道上时，应在拉起驻车制动器手柄后，在坡道低端的轮胎下放置三角形垫木；坡道尽量优先停放自动变速器车辆。定位驾驶员在船舱内定位停车，要确保车与车间的合理距离，具体停放距离要求见表6-2。

商品车在船舱内定位停车的停放距离要求 表6-2

项　目	位　置	距离要求
各车辆的左、右	门和门之间	≥10cm
	门和船体结构物之间	≥10cm
	转向盘侧面和船体结构物之间	≥30cm
各车辆的前、后	保险杠之间	≥30cm
	保险杠和船体之间	≥30cm

续上表

项　目	位　置	距离要求
车门开门宽限		≥30cm
舱内楼梯等出入口附近		≥50cm×50cm
消防器材的周围		人员能拿得到的空间
船上作业车的周围		不妨碍作业的空间
大型车周围		绑扎所需的空间

3）绑扎系固环节

滚装船舶因干舷较高，受风面大，在海上航行时易出现摇摆，为防止因船体摇摆造成积载在舱内的车辆出现移动，进而引起车辆碰撞导致车损，需要对装载的车辆进行有效的绑扎固定。

绑扎系固应在选择合理的区域，适当的系固装置、器材前提下，运用科学有效的方法系固车辆，防止其因外力作用而发生移动，同时应力求操作简便，安全有效。

为确保绑扎的有效性，绑扎应符合以下几个要求：首先，绑扎系统应符合国际公约、法规、船级社规范，以及主管当局的有关规定，如国际海事组织（IMO）《货物积载和绑扎安全操作规则》（CSS 规则）；其次，在设计阶段，对船舶拟装车辆移动风险进行评估，根据滚装车辆的尺寸、物理特性、位置和积载情况，航次气候和海况特点等数据，建立数学模型，模拟船舶主要工况，分析绑扎系统的强度和稳定性，提高设计精准度；最后，还要充分考虑绑扎方面的实践经验，例如绑扎点布置不合理导致的结构破坏、绑扎失效等典型的绑扎失效案例。

绑扎系统由无数个绑扎单元组成，每个单元又由船上的系固点、车辆上的系固点和绑扎设备构成，三方面相辅相成，确保了绑扎单元的可靠性。

滚装船上系固点的设置。系固点即为绑扎单元的受力端，合理的系固点布置应避免对结构的破坏，也能优化货物装载。任何超过船体结构所承受的最大绑扎负荷都应该被避免，这是绑扎点布置的基本原则。

车辆上系固点的设置。车辆上的系固点作为绑扎单元受力的另一端，同样决定了绑扎的可靠性。车辆上系固点布置应能有效限制车辆的移动，并易于安装绑扎设备和识别。

绑扎设备。绑扎设备通常是标准件，根据其在绑扎单位中的作用不同，可分为焊接件、紧固件、支撑件和其他附件等。设置绑扎设备的数量主要取决于载运车辆的种类和特性，通常由绑扎设备的安全负荷和车辆可能受到的冲击载荷决定。

提高滚装船绑扎系统的可靠性，要充分考虑滚装货物的积载情况，根据船舶舱室结构特点合理布置绑扎点，选配适宜的绑扎设备，最后通过强度校核确认绑扎系统。各部分相辅相成，一旦出现疏忽，都将引起局部，甚至绑扎系统整体失效。设计可靠的绑扎系统也是确保船舶绑扎系统的后续正常使用和日常维护的保障。

3. 装船作业后

装船作业后的工作主要是作业现场的恢复清理和码头作业用品的收回入库，如车辆绑扎固定后通道上多余绑扎材料应该及时清理，并放置和固定在舱壁边或通道边等不影响车辆装卸的位置；蓄电池、蓄电池线、燃油、渡板、信号旗（灯）等作业用品须收回码头库内。

五、商品车在滚装船上的配积载

船舶配载是船舶积载的作业指南，须满足船舶稳性、强度以及码头生产组织、效率的要求，更要保证货运质量。商品车在滚装船上的配积载作业一般由滚装船公司负责完成，配载的基本原则是：船舶载重能力利用最大化；确保船体强度不受破坏、船舶具有适度的稳性、船舶具有适当的吃水差；满足中途港商品车装卸的要求和保证货运质量等。

船舶积载是根据船舶运输能力和货物特点，按照事先编制的配载船图对已装上船的货物进行合理堆放，是保证船舶航行安全、货运质量和满足货物装卸要求的重要前提之一。滚装船舶因船舶结构特殊、干舷较高，设有多层纵通甲板，再加之所载运的货物体积较大且多为商品车，货值高，对货运质量要求高。因此，船舶积载是滚装船装卸工艺的重要内容之一。

滚装船运输的滚装形式与传统集装箱船、件杂货船、散货船的吊装作业区别巨大，导致滚装船积载方式与其他类型船舶截然不同。滚装船舶航行中横摇比纵摇频率更高，影响货物的稳定性，滚装船内商品车积载方式主要采用纵向积载，不推荐使用横向积载方式。若采用横向积载车辆，需要额外地附加绑扎，既增加工作量也增加成本。因滚装船内各层纵通甲板通过斜坡相连接，装船的整体积载顺序按照“先进后出”的原则——由两头（顶部甲板和底部甲板）向中间（主甲板）开始逐层积载。

各层甲板的积载一般根据通道口的位置从外（远离坡道口）向内（近离坡道口）进行积载。同时，针对不同车舵位置的商品车，为了方便作业驾驶员在舱内的上下和节省舱内空间，还应采用不同的装卸顺序方式，左舵车一般按照逆时针方向顺序进行积载，右舵车则一般按照顺时针方向顺序进行积载。斜坡分别位于甲板中间位置和左侧位置的车辆积载，如图 6-7 和图 6-8 所示。

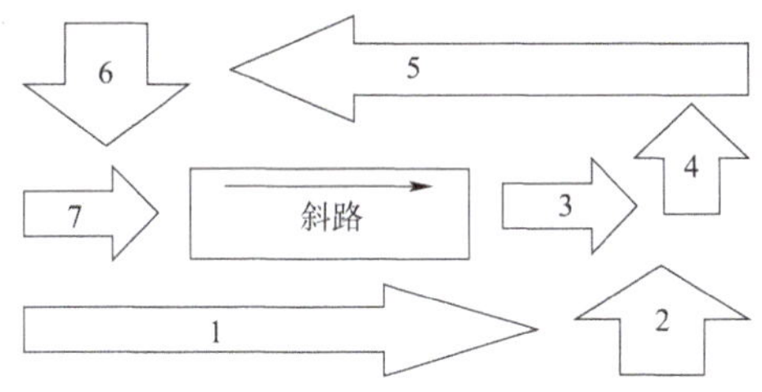

图 6-7　斜坡位于甲板中间位置的车辆积载示意图（一）

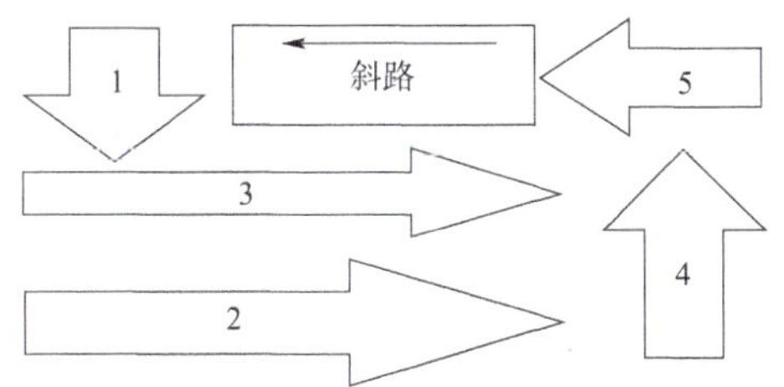

图 6-8　斜坡位于甲板左侧位置的车辆积载示意图（二）

第二节 工程机械

工程机械一般分为有动力可行驶的工程机械和无动力不可行驶的工程机械。本节主要介绍有动力可行驶的工程机械，而无动力不可行驶的工程机械在实际操作中多与件杂货相同，因此多将其放至件杂货章节进行介绍。有动力可行驶的工程机械属于特种车辆，其车轮既有橡胶轮胎式，也有履带式和滚筒式，且自身多具有液压臂、升降台的作业机构，因此与商品车滚装装卸工艺略有不同。

滚装船舶抵港前，工作人员将有动力可行驶的工程机械按计划驶至码头前沿待装。在我国实践中，多采用分布式装卸工艺，即由短驳驾驶员和定位驾驶员分别进行码头前沿到指定积载位置的装卸。若工程机械较多时，可根据实际需要，将转移至码头前沿这一过程省略，如图6-9所示。

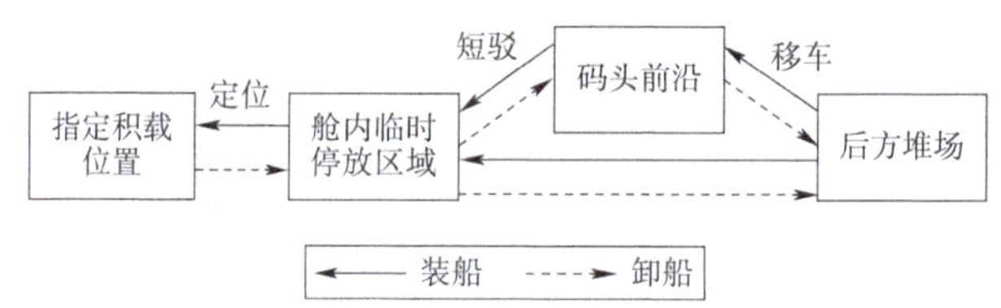

图6-9 有动力可行驶的工程机械装卸作业流程示意图

作业前准备：单船指导员作为各个泊位上生产作业管理员，负责指导船舶装卸。单船指导员在召开工前会或船前会前，针对作业的工程机械的车型、重量、外形、尺寸及船舱内通行限值等信息，合理设计、制订装卸作业计划。在召开工前会过程中，单船指导员具体说明作业计划、布置作业要求，并强调工程机械的操作注意事项。如遇装卸特殊工程机械设备，应重点强调针对该设备的特殊作业要求，具体指导操作方法。如有履带式、滚筒式工程机械作业，单船指导员应安排作业人员在行驶路线上铺设合适的衬垫物，防止损坏行驶路面。在趸船坡道、船舶跳板和舱内坡道等行驶线路上，还须铺设足够的防滑衬垫物，防止履带/滚筒式工程机械的侧滑与失控，确保实现安全顺畅地装卸。

作业队长应确认作业车辆内随车备件绑扎牢固。操作程序复杂的工程机械时，开动前作业人员特别是短驳驾驶员和定位应熟悉车辆的操作方法。装卸程序复杂的工程机械前，应在召开船前会时布置相关作业要求，主动取得船方货主技术人员的指导，以保证装卸作业人员操作的正确性。

一、工程机械起动

首先，在工程机械起动前，交通信号员站在工程机械侧前或侧后方进行指挥，同时交通信号员应确认该工程机械周围安全范围内无其他人员。其次，交通信号员在工程机械起动后，检查仪表盘各个工作指数是否正常，将加速装置调小，降低转速；短驳驾驶员应在信号员的指挥下调节挖掘臂、铲斗等工作装置，防止与周围发生碰撞，且应将工程机械的工作装置调节到适当高度，保证工程机械的通过性并降低重心；工程机械从场地停放队列起动时，应在前进方向配置交通信号员；对于驾驶视线不良的工程机械，应根据实际需要在前后分别配置交通信号员以协助短驳驾驶员进行操作。履带式工程机械起步时，应前进或后退一小段距离，确认行驶方向与操纵杆切换的一致性。

二、短驳行驶

工程机械短驳行驶应注意以下事项：

（1）车窗车门：打开车窗，关闭车门，操作人员两肘内收，防止两边的操作杆被误碰。

（2）行驶间距：短驳驾驶员应时刻注意保持安全行驶间距。

（3）行驶速度：严格控制速度，确保全程都在安全速度以下，在船舱内更应保持低速行驶。

（4）行驶路线：履带/滚筒式工程机械的行驶路线应按照事先布置好衬垫物的路线行驶。

（5）进出跳板、上下坡道：为防止侧滑失控，应保持正对跳板、坡道方向行驶，在跳板、坡道上严禁大幅度调整行驶方向；驶入坡道前，调整好液压臂、升降底盘等工作装置，确认顶部、底部的安全间隙，避免工程机械及其各配件与船体、坡道发生触碰，确保安全通过。

（6）机械臂旋转作业：严禁在行进中旋转机械臂，应采用间歇式旋转操作方式，并在信号员指挥下进行，以防止重心偏移，确保行驶过程中的稳定性。

（7）临时停放：应将操作锁杆锁止，防止误操作。

（8）倾角：当船舶或坡道横向倾角大于3°时，应停止驶入船舱。

三、定位停放及驶离

短驳驾驶员在信号员的指挥下进入停放区城后，应排队等候定位，同时将操作锁杆锁止或者启动制动开关，防止误操作。定位停放前，应预先确定好定位停放的位置，舱内停放时应按船方要求预留出与周围货物的间隙和绑扎点，非轮胎式工程机械定位停放前，应预先在停放的位置上做好铺垫。周围人员需离开定位区域，禁止除定位信号员外的其他人员进入定位区域。且工程机械的舱内定位方法主要采用直接定位法，定位过程中，定位信号员应站在工程机械侧前或侧后方进行指挥，随同车辆的移动方向同时前进或后退，并保持安全距离，当定位驾驶员视线不良时，应安排适当数量的定位信号员。挖掘机、推土机类工程机械定位完成后，应在挖掘臂、铲斗等工作装置下放置木板或橡皮进行铺垫，防止与船甲板摩擦，以保护货物的外观完整。

四、绑扎系固

有动力可行驶的工程机械属于特种车辆，其车轮既有橡胶轮胎式，也有履带式和滚筒式，具有结构复杂、尺寸及外形庞大的特点。对工程机械的绑扎系固需要采用专用的绑扎设备，因为在运输船舶航行中工程机械一旦发生移位，则后果很严重，如重型车辆的绑扎系固就是使用专用的绑扎链和三角垫木。

工程机械绑扎方案包括工程机械上移动设备的绑扎、工程机械整机与运输船舶的绑扎两部分。工程机械上移动设备的绑扎比较简单，可以在装船作业前进行，绑扎比较牢靠，危险性比较小。工程机械整机与运输船舶之间的绑扎方案难度较大，危险性较大，需要充分考虑工程机械的尺寸、物理特性、位置和积载，航次气候和海况特点等情况。

第三节 件杂货

滚装码头作业的货物中除了商品车、有动力可行驶的工程机械外，其他的货物主要是件杂货。件杂货是指单件运输和保管的散件货物，这是最早的传统运输装卸工艺之一。受集装箱的广泛使用以及散货运输能力提升的影响，件杂货运输的占比呈现不断下降的态势。件杂货按照不同的分类标准，分为不同的类型，具体见表 6-3。

件 杂 货 的 分 类 表 6-3

分类标准	分 类
按包装特点	包装货（可以用包、袋、箱等包装起来运输的货物）、裸装货（没有包装或者无法包装的货物）
按清洁程度	清洁货物、污秽货物
按装运的特殊要求	危险货物、贵重货物、笨重长大货物、易腐货物、冷藏货物、有生动植物货物、涉外货物、国际过境货物、甲板货物、拖带运输货物等
按包装形式和货件形式	袋装货物、捆装货物、桶装货物和圆桶状货物、箱装货物、筐篓坛装货物、裸装货物等

其中，笨重长大件杂货中对于单件体积过大或过长、质量超过一定界限的货物又特称为重大件货物。目前我国港航计费标准规定，每件超过 3t 为重件，长度超过 9m 为长大件；国际标准规定，每件质量超过 40t 为超重件，长度超过 12m 为超长件，高度或宽度超过 3m 为超高或超宽件。

滚装码头的件杂货主要包括无动力不可行驶的工程机械（裸装为主），以及随车备件（箱装为主）、普通机器设备等。

一、重滚运输

在我国内河滚装运输中，对于件杂货主要采用的是“重滚运输”形式，即将件杂货装载于载货汽车或挂车（一般载重在25～35t）上，装载的重载货车直接驶上/驶下滚装船，挂车则由牵引车拖带完成驶上/驶下滚装船。相比而言，挂车装卸过程较为烦琐，但可以更好地利用装载空间。

重滚运输可实现水路运输和陆运公路运输的无缝连接，货物无须在码头进行换装作业，也不需要堆场存放，减少了在码头的作业流程。目前，重滚运输在长江中上游（川江）流域开展得比较好，这些地区多处于山区，道路曲折，且冬秋春季雾多路滑。相比之下，水路运输具有经济、高效、便捷、安全、环保、节能等诸多优势。因此，重滚运输在这些地区具有良好的发展前景。重滚运输在专业滚装码头的业务量相对较少，其作业流程和工艺也相对比较简单。

以重滚甩挂运输为例，其运输过程如下：

（1）件杂货堆场（仓库）A装载挂车a后，挂上牵引车A，开往滚装运输船B。

（2）到达滚装运输船B指定位置后，牵引车A甩下挂车a。

（3）牵引车A返回件杂货堆场（仓库）A，进行步骤（1），形成循环。

二、以马菲板为载体的件杂货滚装运输

专业滚装码头的业务中，件杂货多属于重大件货物，如无动力不可行驶的工程机械（裸装为主）以及随车备件（集装为主）、普通机械设备等，这样的货物大多不适用重滚运输形式。件杂货本身不可行驶，自身无法进行滚装作业，部分件杂货滚装码头（主要是海港滚装码头）采用以马菲板为载体的件杂货滚装运输方式。即将件杂货装载于马菲板上，再由马菲牵引车（马菲头）牵引拖运或顶推，实现件杂货物在滚装码头的水平运输及装卸作业。其运输流程如图6-10所示。

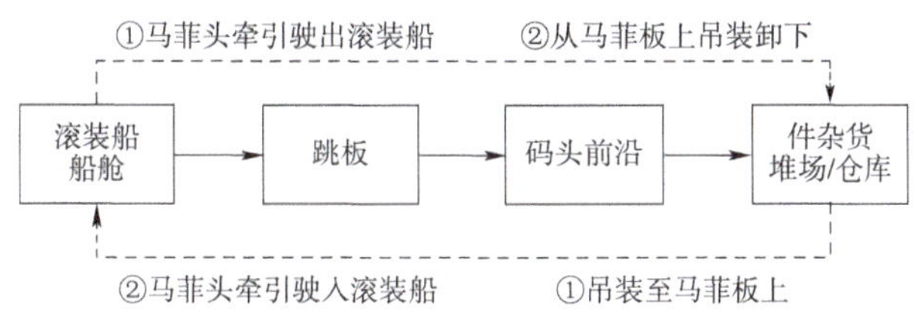

图 6-10　以马菲板为载体的件杂货滚装运输流程

件杂货在滚装码头的装卸需使用到叉车、马菲板、马菲牵引车、汽车吊、龙门式起重机等装卸机械，对滚装装卸工艺也有着一些相应的要求和注意事项。

（1）合理选择最佳的起重设备：根据件杂货物的实际重量及自身的状况（裸装还是箱装、是否超长超宽等），结合叉车、汽车式起重机、龙门式起重机等机械的实际最大起重能力以及不同机械操作的灵活便利性，选择最佳的起重设备将货物移动至马菲板上。

（2）保证马菲板的稳定性及安全性：货物装在马菲板上，需合理积载以保证马菲板的横纵向（特别是纵向）稳定性，同时不可超越马菲板的最大安全工作载荷。

（3）必要绑扎：货物码放在马菲板上，应进行必要的横向、纵向均匀牢固绑扎。

（4）注意马菲牵引车的牵引能力：马菲牵引车的牵引能力和油缸提升能力是额定的，在利用马菲牵引车拖运或顶推马菲板时，不可超越额定限度。

件杂货滚装装卸船工艺（卸船作业在流程上是装船作业的逆过程，与装船作业的相关要求基本一致，因此，本书仅说明装船作业的主要工艺）主要包括六个环节。

第一，件杂货积载于马菲板上。对水平放置的马菲板进行必要的铺垫，防止货物压力对马菲板造成不必要的破坏。吊装中，货物重心应与马菲板对称中心线一致，并使得货物重心在纵向上位于马菲板的后轴之前。货物堆放以马菲板前端为基准，不可超出马菲板，空马菲板叠放层数不可超过 4 层。卸货时也应保证马菲板处于水平状态，合理确定卸载顺序，避免倾覆。

第二，件杂货捆绑固定在马菲板上。件杂货依靠马菲板作为运输载体进行随船运输，为保证运输过程中货物的安全和船舶的运行安全，需要把货物捆扎固定在马菲板上，防止在运输过程中由于货物的摇晃、倾斜和碰撞造成货物损坏和影响滚装运输船安全航行。

第三，马菲牵引车牵引马菲板的连接。首先，驾驶员对马菲牵引车进行运行行驶前的安全操作规范检查，尤其是牵引鹅颈的检查；其次，驾驶员起动牵引车检查车上各仪表显示是否正常，牵引车运行正常后，操作调节牵引鹅颈的操纵杆使牵引鹅颈达到标准高度，驾驶牵引车到达马菲板工作区；最后，检查马菲板与船体之间固定连接是否拆除、马菲板与货物之间捆扎是否牢固，操纵牵引鹅颈与马菲板连接固定，并将牵引鹅颈的保险链连接固定在马菲板上。

第四，马菲牵引车安全行驶。全程保持安全低速行驶，特别是在特殊路口、连接处和转弯处及视线受限的地方如上下跳板处、水密、气密门处；严禁急速转向；禁止行驶过程中调整马菲板高度；禁止从杂物上通过。为确保行驶安全，特殊情况应增加辅助人员协助指挥。

第五，马菲板内积载定位。马菲牵引车必须将马菲板牵引或顶推至平行于船舶艏艉线纵向方向的指定位置积载，禁止在坡道上积载；必须在舱内积载前提前确定绑扎点，合理安排积载空间；重大件应使用专用千斤顶在马菲板边框下进行支撑，并用楔木塞防止货物移动；超宽货物应在超宽部位与甲板间用垫木做垂向支撑。

第六，马菲板船舱内货物码放在马菲板上，应进行必要横向、纵向均匀牢固绑扎，保证受力均匀、固定，再将马菲牵引车驶出滚装船。马菲板上货物积载完成后，必须在横向、纵向进行均匀、牢固的绑扎，保证受力均匀。

第七章 交通衔接与组织方案

作为大型公共服务设施，滚装作业场站的生产运行会产生大量的交通流。优化内部的交通组织和外部的交通衔接能够帮助实现进出场站车辆高效安全运输和集散、避免产生交通拥堵、实现绿色发展。

第一节 交通组织方案

一、内部交通组织方案

内部交通组织是指为提升滚装作业场站内部各功能区之间的交通组织与衔接效率而采取的各种措施的总和，主要包括场站外部运输通道的规划与建设；场站功能区布设及作业类型；场站内部路网形态及道路设计；交通流线设计等。其中，滚装作业场站外部运输通道规划与建设、内部功能分区及作业类型是场站立项、规划与建设的前置条件之一；内部路网形态、交通流线应根据场站的地块形状、地理条件、场站类型、功能定位及作业流程、功能区布局等因素综合确定。结合场站总体规模、需求预测、业务类型等，确定道路面积率、道路等级、红线宽度等建设指标。

1. 内部交通组织布局原则

内部路网是滚装作业场站的运输骨架，是场站内各功能区之间的天然屏障，设计主要原则有：

1）与地块条件、自然环境相协调

地形条件及周边自然环境特征是场站规划建设的重要影响因素，必须做到路网形态与周边景观（如绿地、水体、地貌特征等）相协调，充分考虑到用地的自然条件和难以移动的设施设备情况，如河流等。由于用地模块内的不可改变因素会对模块内部的有效运营产生影响，如河流、道路的限制影响运输效率。因此，内部路网布设应尽可能考虑以上条件并结合需求进行路网规划以及用地模块划分。

2）与功能区布局相适应，充分考虑多式联运的功能需求

滚装作业场站内部交通网络的布设及分区形状应有利于各功能区对用地的分配。场站应首先进行铁路、港口大容量运输方式的货运设施的规划设计，合理规划多式联运集散通道。通常情况下，场站内部与铁路枢纽、铁路货场等衔接的主要通道车流量大，因此联运作业区应尽量邻近场站主通道，便于路网布局、满足多式联运功能的需求，同时尽可能减少货运交通对周边道路和项目内部道路的交通影响，保证场站内外交通的顺畅、安全。

3）体现弹性规划的思想，符合可持续发展要求

由于场站内各地块服务功能、建设时序不同，在设计场站内部路网布设方案时应为远期发展留有余地。对于已有建设意向的近期发展用地，应根据物流作业需求配置适宜的道路等级；对于远期发展用地，应明确骨架道路网，处理好近远期发展关系。

4）满足市政、消防、安全卫生、救灾避难、环保等要求

避免由于道路布置不合理而使危险品、易燃品、易爆品、易污染品的运输穿过其他物流作业区域及生活区。合理设计物流作业流线，尽量缩短货车在场站内的运输距离，以降低汽车运输的噪声、振动、尾气对场站环境的影响。

2. 内部交通组织布局常见布置形式及适用情况

1）脊状式

脊状式道路是指进入系统的交通流在场站内部主要通道内，经由次要通道向

各个功能区分流；而驶离的交通流则从各个功能区经由次要通道汇总至主要通道，如图 7-1 所示。这种单进单出的组织方式有利于车辆快捷通畅地进出。脊状式布局结构简单，运输线路容易组织；其缺点是两端的功能区距离较远，场站内主通道的交通压力较大。一般适用于规模较小且功能较单一的滚装作业场站，或沿江地形条件限制较大的场站。

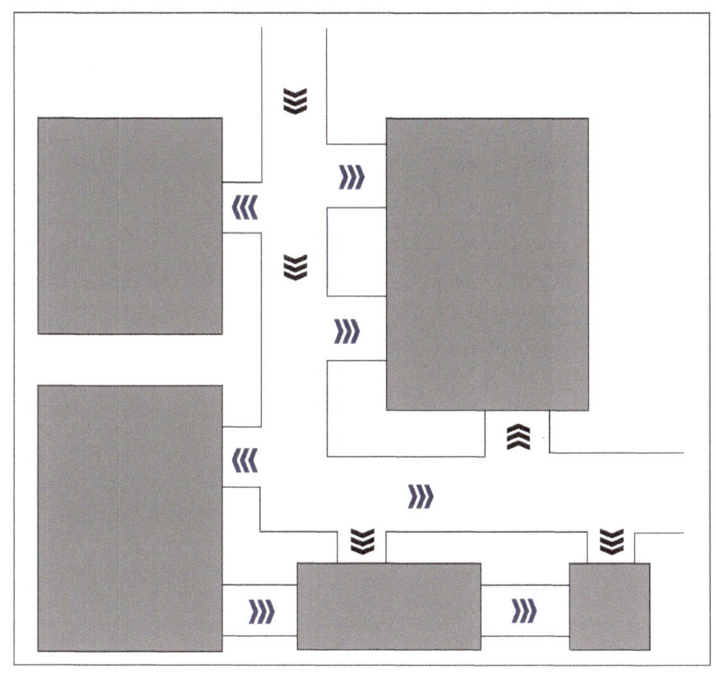

图 7-1　滚装作业场站脊状结构示意图

2）环形式

环形式道路是指内部道路沿着各功能分区周围布置，道路大多平行于主要建构筑物，组成纵横贯通的道路网，如图 7-2 所示。环形式布置方式，便于各分区的相互联系，交通运输、消防及工程技术管线的铺设，以及货流、人流的组织，是目前场站采用较多的道路布置形式。它的缺点是道路总长度长，占地多，对场地地形要求高。一般适用于吞吐量较大，场地条件好的滚装作业场站。

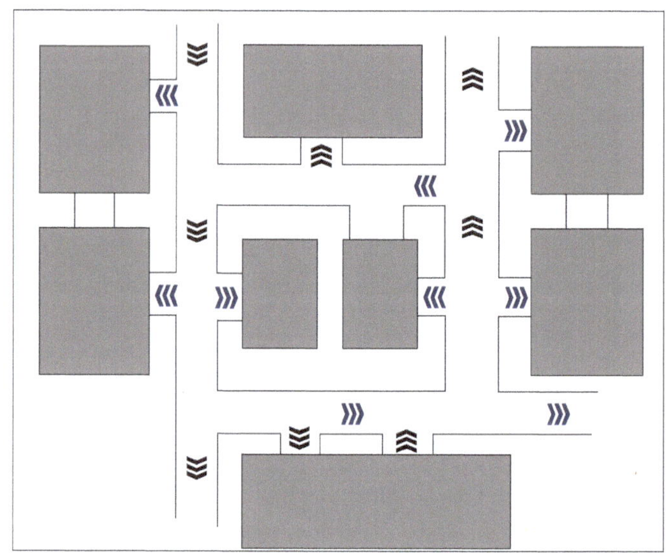

图 7-2　滚装作业场站环形式结构示意图

3）放射式

放射式布置道路是环形式的一种变化，往往有一个布置核心或顶点，功能区围绕布置核心或顶点逐步扩展，与核心区的关联度由内向外逐渐减弱，内部路网呈现出由中心区向外放射的形态，如图 7-3 所示。较为典型的是港口等，通常以港口为顶点构成扇形放射状路网。

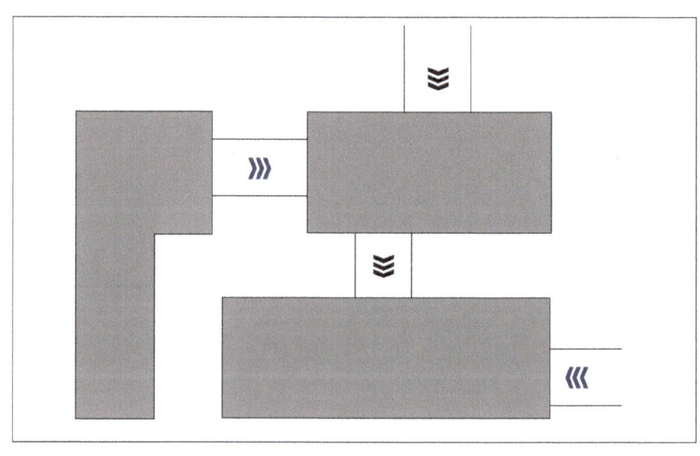

图 7-3　滚装作业场站放射式结构示意图

4）混合式

在同一场站内同时采用以上两种及以上交通组织形式进行布置，称为混合式布置形式，如图7-4所示。其优点是既可以满足生产、物流运输的要求，保证货畅其流；又能较好地适应场地建设条件的变化，节约用地和减少土石方工程量。一般适用于规模较大、功能较为复杂的场站。

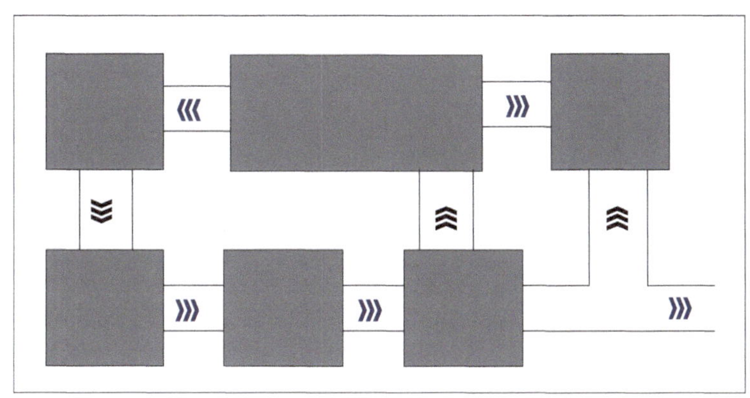

图7-4　滚装作业场站混合式结构示意图

3. 内部道路设计要求

在明确路网布设形态、确定交通流线之后，需要对内部道路进行设计。场站可行性研究阶段的道路设计内容一般包括确定道路面积率、道路等级与红线宽度、横断面形式及路面条件等。需要注意的是，场站内的道路属于市政道路，一般应遵循城市道路设计工程规范，但考虑到场站具有大型货车较多、货流量大等特征，需要准确把握车型比例结构及场站作业的高峰时段，明确其对场站内部道路使用要求，合理计算道路规模并正确选取有关参数。

1）道路面积率

场站道路面积率是指内部道路占地面积与总占地面积之比。在场站总用地规模中强调道路面积率指标，是要求其预留足够的道路空间，保证内部的通道畅通，提高运输服务水平。影响道路面积率的因素包括场站交通生成量、交通设施状况、货运车辆类型及其比例等，其中交通生成量是影响道路面积率的关键因素，可由物流量换算得到。因此，场站的规模、功能定位、服务对象、作业类型不同，其内部道路的面积率也应不同。

2）道路等级结构及车道数

目前，我国关于场站内部道路的等级划分标准尚未统一。通常情况下，参照市政道路的标准规范进行设计，但应充分考虑场站各功能区物流服务的货物类型、物流作业模式等因素，选择适宜的道路等级。根据《城市道路工程设计规范》（CJJ 37—2012），城市道路分为快速路、主干路、次干路和支路四个等级。场站内一般不设快速路，主要包括主干路、次干路、支路三个等级，可根据实际需求进行布设。不同等级的道路宽度不同，在场站路网中的地位与功能也不相同。

（1）主干路。主干路主要服务于场站区域进出的交通流，是内部道路的骨架，是衔接场站出入口、辐射场站主要功能分区、具有较大通行能力的场站道路。

（2）次干路。次干路主要承担功能分区与主干道间及场站内每个功能分区间的交通联系任务，是场站内部各功能区之间的连接道路，也是场站次要出入口之间的连接道路。

（3）支路。支路主要指场站内部各功能用地分区内的道路或与功能区内部建筑物出入口相接的道路，连接次干路、支路与仓库、堆场、生活设施等建筑物的出入口，作为搬运货物的通道等。支路直接服务于各功能分区内部的交通集散。

我国尚无专门的场站道路标准规范，因此场站的道路等级、红线宽度及车道数的确定方法可参考既有公路、城市道路设计规范确定，但对于承担区域间、省际物流活动的场站，考虑到大型货车、中型货车占比较高，建议道路设计规范可参照《公路工程技术标准》（JTG B01—2014）执行。

二、外部交通组织方案

滚装作业场站对外交通衔接组织方案核心是分析场站与周边既有或规划的交

通运输通道的相互关系，评价场站集疏运体系（统筹考虑公路、铁路、水路等多种交通运输方式）是否能够满足场站的运输要求，并提出交通条件改善建议。

1. 场站与周边运输通道的相互关系

场站周边的交通条件是影响场站高效运行的重点因素，外部交通衔接要考虑场站与外部交通设施之间的距离及衔接方式，衔接线路的规模、标准等，重点考虑场站如何与港口、铁路、高速公路出入口等具体衔接问题。因此，需明确场站与外部的交通枢纽及重要交通通道之间的关系，场站是否与既有或规划的专用线路、通道相衔接，分析既有及规划的交通衔接设施能否满足场站的集疏运需求，如图7-5所示。

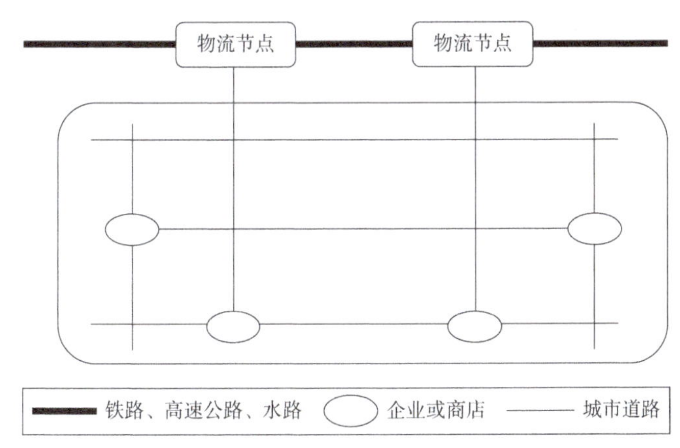

图7-5 社会物流系统结构

2. 场站集散交通量测算

场站集散交通量测算是根据场站年度货运吞吐量的预测结论进行测算，具体测算方法如下。

集散交通量是场站物流作业产生的车流量在周边路网范围内的时空分布，其测算方法的基本原理与基于区域空间均衡的交通建模思路一致。通常可根据需求预测的结论进行推算。

1）根据需求预结论计算交通量

一般可根据场站需求预测的结论，结合货物吞吐量、物流作业量等预测指标，计算场站年度产生的交通量。根据场站货物吞吐量推算交通量公式如下：

$$T=\sum_{i=1}^{n}\frac{\gamma_i\times G_i}{356\times W_i\times K_i}\qquad(i=1,2,\cdots,n)$$

式中：T——场站的日均交通生成量；

G_i——场站 i 类型的货运车辆年总货物吞吐量，且所有类型货运车辆的年货运物吐量之和等于场站的总货物吞吐量；

γ_i——i 类型货运车辆的换算系数；

W_i——i 类型货运车辆的标准载质量（t）；

K_i——i 类型货运车辆的平均满载率。

2）根据设施规模匡算交通量

对于不同货运服务设施产生的交通量，还可以根据不同功能区的占地规模或设施的建筑规模进行大致匡算。目前，国内该领域还没有系统的统计，往往根据不同场站，选择与场站相同的建筑物对其交通发生和吸引情况进行调查，并且综合考虑场站实际情况进行适当的修改，确定本场站的交通量。

3. 区域交通网络承载能力分析

需要开展区域交通网络承载能力分析，应根据交通量测算的结论，将预测的货物或货车交通量发生和吸引数据“加载”到实际或规划的交通网络中去，进而分析判断在既有规划实施的情况下，场站与周边对外交通设施连接通道的走向、规模、标准是否满足场站发展要求，以及场站对周边综合交通网运行状况的影响。需要强调的是，此项工作重点应关注周边交通网中瓶颈地段的通行能力，如引出铁路专用线的铁路场站，航道中的船闸，高速公路或快速路的互通立交，干线公路及城市道路的平面交叉口等。

测算规划区域的交通网络和物流通道上货运量或交通量的分布情况，一般可采用较为成熟的交通分配模型，如全有全无法、递增分配法、容量限制法、用户平衡法、随机用户平衡法、系统优化法等，可利用 TransCAD 等交通软件工具进行仿真。

4. 提出明确的交通组织与衔接方案建议

交通组织方案除了分析场站与周边既有或规划的重要交通通道之间的关系，以及区域交通网络承载力等相关技术问题外，还应针对外部集疏运通道的数量、规模、建设标准与规划、交通等有关行业主管部门进行深入沟通，提出场站周边集疏运设施的改善建议，以保证场站对外运输通道的连通、顺畅以及运输效率。同时，场站总平面布局方案设计人员需要了解交通通道合理的组织方案，合理布设各个功能区，才能真正发挥交通运输对场站的服务保障作用。已单独开展交通影响评价的场站，可将评价结论作为交通衔接与组织的重要依据，直接纳入场站总平面设计方案中。

为减少场站对周边交通网络的影响，可以采取以下几种措施：

（1）场站内建设货运专用道路、铁路专用线，主要货运通道与交通枢纽直接连接，优先解决大宗物资或流量大的货物运输，避免或减少场站内部客货混行，又可解决对周边城市交通可能带来的拥堵及安全隐患等问题。

（2）合理预判场站生成的货运量、辐射区域和关键通道，对场站周边的交通基础设施提早进行改扩建或新建，提高其通行能力。

（3）提高场站内车辆的行驶效率和满载率，减少交通量。

（4）实时跟踪观测场站区域内车流路线，根据需要调整运输通道线路和建设规模，科学合理地安排运输车辆路线。

（5）对场站周边道路采取智能交通组织与管理，尽量降低其对主要路段和路口的交通影响。

第二节 滚装作业场站与交通基础设施的衔接

一、交通衔接注意事项

滚装作业场站内的道路按照合理的交通流线与外部公路、铁路交通基础设施进行高效衔接，是保证滚装作业场站内部各项功能、货物集疏运输和周边区域交通运输通畅的重要保障。滚装作业场站与外部交通基础设施衔接，需要关注交通特性、客观环境和需求，具体注意事项如下。

1. 以货流运行为主，存在客货混行

滚装作业场站进出通道的车流以货车为主。由于货车的各项技术指标和交通特性，如车身长、车辆宽、载质量等，与客车存在较大差别，因此滚装作业场站内外交通通道的设计应重点关注货车进出的要求。同时，滚装作业场站内部有服务于员工、客户、办事人员等的客运车辆，交通通道上呈现“客货混行，以货为主”的特征，应根据车流特点合理组织交通。

2. 车辆行驶目的性和业务流程性强

滚装作业场站的服务对象和服务范围是固定的。滚装作业场站通道上的货车交通流的方向性比较明显，主要受其功能布局和作业流程约束，车辆往往沿固定的路线行驶，并到达固定的目的地，因此，需要根据物流作业流程合理设计交通流线、合理组织交通。

3. 高峰时车流集中，场站间差异大

滚装作业场站位于沿海、沿江岸边和城区外部或边缘，受省际、市际长途运输以及城区交通管制和不同货类运输特性的影响，其车流高峰时段往往较为集中。

4. 场站作业能力和集疏运通道大小决定运输能力差异

滚装作业场站功能设施、装卸设备、仓储设施设和人员配备的不同和配套集疏运通道直接影响货车和轮船的运力。

二、与外部交通衔接思路

根据交通运输形式向高效、绿色、快捷方向发展，滚装作业场站根据自身客观环境，进行与外部交通衔接时从交通流线方面以及出入口方面开展工作。

1. 滚装作业场站交通流线方面

滚装作业场站交通流线是特指通过对场站各功能区及周边出入的货流、车流、人流状况进行预判和分析，并结合各类流线在场区内外流动的特征，提出交通组织与方案。对交通流线的影响因素有：对外交通布设条件、车辆运行组织模式、运营安全及运行效率等。在制定交通流线时，需要了解判断场站对交通服务功能的要求。根据实践经验，在流线方案中，为了确保运输安全、通道顺畅，一般情况下，应满足以下原则：

（1）对商品车（整车）滚装作业、工程机械滚装作业和件杂货滚装作业的交通流线，条件许可情况下应尽量分离，避免各流线交织、迂回，尽可能使交通流线及作业流线在场站距离最短。

（2）作业强度大的功能区、进出车辆比较集中的区域，交通流线设计应尽量靠近主干道或场站对外通道的卡口，或保持功能区流线相对独立，避免与其他区域干扰，产生过多交织流线。

（3）场站功能区之间的交通流线和功能区内部的交通流线分别制定。

2. 滚装作业场站出入口方面

滚装作业场站出入口设置是决定滚装作业场站总体布局及交通衔接方案的重要环节之一。在场站平面布置规划设计时，应根据场站规模及功能确定出入口的数量、类型；再结合内外道路条件及地形情况，明确场站出入口的控制性要素，最终确定场站出入口位置及开口形式。场站的出入口制定主要包括以下三部分内容。

1）根据场站规模及功能，确定出入口的数量及类型

场站的出入口设置数量与形式与场站规模大小、所承担的货运量及功能类型密切相关。一般来说，场站规模越大，货物吞吐量越高，所需的出入口数量就越多。考虑到消防、安全等因素，场站出入口不宜少于两个；规模超过 5 万 m^2 或货物吞吐量超过 500 万 t，应设置三个或三个以上出入口。

场站出入口的建设标准、是否需要采用进出分流的出入口，则需要根据进出场站的车辆数量、高峰时间段最大货车流量与周边集疏运通道的衔接标准等因素确定。对于规模较大的场站，考虑到内外部流线、不同功能流线的差异，出入口

要进行分层次设计。一般可分为场站与外部主要通道间联系的第一层次卡口，以及各功能区与内部主要通道间联系的第二层次卡口。

2）结合场站内部路网、地形情况等，确定出入口的开口位置

确定场站的出入口位置，要满足车辆进出时通畅、快速的基本要求，兼顾场站形象展示，尽可能实现交通功能与形象展示功能相结合；场站的出入口对内应与场站主干路相连，便于车辆集散，保证内部路网良好的通达性。

3）根据场站外部路网及衔接条件，确定出入口的开口形式

场站出入口的设计应当与所连接的道路建设标准相互协调、相互匹配，满足道路坡度、停车视距、交叉口视距等的要求，减少对周边区域交通组织的影响。尽量避免在一条道路上短距离内连续开口，以免加剧开口道路的交通拥堵；由于地形条件、交通条件所限，必须在同一侧道路连续开口时，则需要根据货车高峰时段进出流量，通过提高同侧道路建设标准，或增设短距离货车等候专用路、港湾式等候区域，避开对同侧道路过境交通的干扰。场站常见的出入口的开口形式包括沿道路直接开口、辅助道路开口、专用道路开口和高架道路开口。在选定合适的出入口开口形式后，还可以通过采用相应的道路接入管理技术，降低进出车辆对所连接道路的交通影响，保证出入口衔接顺畅。

第八章 滚装作业场站设施布局优化技术

第一节 滚装作业场站设施构成

滚装作业场站设施包括滚装业务办公设施、滚装业务生产设施、滚装业务生产辅助设施和生活服务设施，其设施构成应根据滚装作业场站的业务范围和组织模式确定。

滚装业务办公设施包括滚装作业业务站房、滚装作业业务生产调度办公室和滚装作业业务信息管理中心等；滚装业务生产设施包括中转库、仓储库、货棚等仓储设施以及码头堆场、货场、装卸作业场、滚装作业车辆停车场、场区道路等；生产辅助设施包括滚装作业车辆维修维护区、停车场、动力设施和供水供热设施等；滚装作业场站还需要结合企业实际配备一定的生活服务设施，如食宿设施等。

滚装作业场站可以分为零担滚装运输作业区、整车滚装运输作业区、集装箱滚装运输作业区、危险品滚装运输作业区和多式联运滚装运输作业区等类型。除了运输组织功能、中转和装卸储运功能、中介代理功能、通信信息功能等一般需具备的功能外，各种类型的场站还根据其组织模式、服务对象和货类等条件而需要具备特殊的功能，如集装箱滚装作业场站需要具备拆装箱功能、危险品滚装作业场站需要具备清洗功能等。

不同类型的滚装作业场站内设施配置标准如表 8-1 所示。

不同类型滚装作业场站设施配置标准 表 8-1

设施类型	设施名称		零担滚装运输作业区	整车滚装运输作业区	集装箱滚装运输作业区	危险品滚装运输作业区	多式联运滚装运输作业区
办公设施	滚装作业业务站房		√	√	√	√	√
	滚装作业业务生产调度办公室		√	√	√	√	√
	滚装作业业务信息管理中心		√	√	√	√	√
生产设施	库(棚)设施及信息中心	滚装中转库	√	○	○	×	○
		滚装仓储库	×	√	√	√	○
		滚装货棚	○	○	○	○	○
		滚装作业信息中心	√	√	√	√	√
	场地及道路设施	集装箱堆场	×	×	√	×	○
		货场	○	√	√	○	○
		装卸作业场	√	○	√	√	√
		挂车中转场	√	√	√	√	√
		道路	√	√	√	√	√
生产辅助设施	挂车、仓储罐等清洗区		×	×	×	√	○
	滚装作业车辆维修维护区		○	○	○	○	○
	停车场		○	○	○	○	○
	动力设施		√	√	√	√	√
	供水供热设施		√	√	√	√	√
	环保设施		○	○	○	○	○
生活服务设施	食宿设施		○	○	○	○	○
	其他服务设施		○	○	○	○	○

注：表中√为必选，○为视条件配备，×则无须配备。

第二节 滚装作业场站设施参数确定

一、滚装业务办公设施

滚装业务办公设施包括滚装作业场站站房、滚装业务生产调度办公室和滚装业务信息管理中心。

1. 滚装作业场站站房

滚装作业场站站房由滚装业务人员工作间和货主办理滚装货物托运或仓储受理手续、提货手续的场所构成。站房面积计算如下式所示：

$$A_1 = A_{12} + A_{13} + A_{14} = a_1 \times R_1 + a_2 \times R_2 + a_3 \times R_3 \tag{8-1}$$

式中：A_1——滚装作业场站的站房面积，m^2；

A_{12}——滚装作业货物受理处工作间面积，m^2；

A_{13}——滚装作业货物提货处面积，m^2；

A_{14}——其他业务办公区面积，m^2；

R_1——受理处业务人员数；

R_2——提货处业务人员数；

R_3——其他业务办公区业务人员数；

a_1、a_2、a_3——人均所需面积，一般取 5 ~ 10m^2。

2. 滚装作业业务生产调度办公室

滚装作业业务生产调度办公室由滚装业务生产调度人员办公场所构成，其面积计算如下式所示：

$$A_2 = a_4 \times R_4 \tag{8-2}$$

式中：a_4——人均所需面积，一般取 5 ~ 10m^2；

R_4——滚装作业业务生产调度人员数。

3. 滚装作业业务信息管理中心

滚装作业业务信息管理中心由放置滚装作业信息管理硬件系统的机房与工作

人员的办公场所和供信息发布及用户查询的场所构成。信息中心面积的计算参照各省区市相关规定，不小于滚装作业场站总建筑面积的3‰，一般在3‰～5‰之间配置。

以上滚装业务办公设施的设置应尽可能方便货主和驾驶员，货物受理处与滚装作业仓库、滚装业务信息管理中心与滚装停车场的距离应便捷。

二、滚装业务生产设施

滚装业务生产设施包括两部分：库（棚）设施和场地设施。

1. 库（棚）设施

在滚装作业过程中，仓库发挥了不可或缺的作用，创造了产品的时间效用。合理的储存能在保证储存功能实现前提下尽量少的投入，缩短存储时间，加快货物流通周转。在滚装作业中，仓储可通过给客户增加货物的可供应时间，大大提高货物的效用价值。

滚装仓库主要包括滚装中转库、滚装仓储库、集装箱拆装箱库等。滚装中转库是用于滚装货物短期存放的仓库；滚装仓储库是用于货主待收或待发滚装货物存放的仓库；集装箱拆装箱库是用于进行滚装集装箱拆箱、装箱、拼箱、货物分拣、堆垛等作业的仓库；货棚则用于堆放不便进库，但又不宜露天存放的零担或存储货物。

1）滚装中转库

为滚装作业中转货物集中、分拣、换装、发货的场所。具有铁路专用线的滚装作业运输场站，滚装中转库一侧设铁路装卸站台，宽度不小于13.5m；另一侧或多侧设挂车装卸站台，站台高度1.3～1.4m，宽度不小于3m。

中转库面积计算方法如下：

$$A_3 = \frac{Q_1 \times T_1 \times K_1 \times a_5}{f_1} \tag{8-3}$$

式中：A_3——中转库面积，m^2；

Q_1——日均中转货物最大吞吐量，t/d；

T_1——中转储存期，根据调查结果，中转储存周期最短为0.5h，最长为2d，因此取0.5h~2d；

K_1——入库系数，入库系数=入库堆存的货物吨数/货物总吨数，取0.5~0.7；

a_5——平均每吨货物占地面积，取1.0~3.0m²/t；

f_1——面积利用系数，仓库和货场利用率一般在70%左右，最小不低于60%，一般取值为0.6~0.8。

2）滚装仓储库

滚装仓储库按建筑层数，分为单层和多层仓储库。存放外形尺寸较小、单件重量较轻货物的仓储库一般应建设高架库。多层仓储库多在中央部位设置货梯。多层仓储库除设主楼梯外，还应设置疏散楼梯。

仓储库的仓储面积以日均仓储货物最大吞吐量来计算：

$$A_4 = \frac{Q_2 \times T_2 \times K_1 \times a_6}{f_2} \tag{8-4}$$

式中：A_4——仓储库仓储面积，m²；

Q_2——日均仓储货物最大吞吐量，t/d；

T_2——货物平均储存期，取3~5d；

a_6——平均每吨货物占地面积，根据仓储货物各类、堆码高度确定，对单层仓储库一般取值为1.0~2.5m²/t，对于立体仓库一般取值为0.5~1.0m²/t；

f_2——面积利用系数，一般取值为0.7~0.9。

3）滚装集装箱拆装箱库

滚装集装箱库用于进行滚装集装箱拆箱、装箱、拼箱、货物分拣、堆垛等作业。

4）滚装仓储货棚

货棚则用于堆放不便进库，但又不宜露天存放的零担或存储货物。

$$A_5 = a_7 \times A_4 \tag{8-5}$$

式中：A_5——仓储货棚面积，m^2；

a_7——货棚面积系数，一般取值为0.3～0.5。

2. 场地设施

主要包括滚装作业集装箱堆场、货场、装卸（作业）场以及道路设施等。

1）滚装作业集装箱堆场

滚装作业集装箱堆场应靠近集装箱作业区，并与站内主要通道衔接；场地强度应满足集装箱堆码需要，并有一定坡度以利排水；堆存量大的集装箱堆场还应划分空箱、重箱及冷藏箱堆存区。

2）滚装作业货场

为便于运输车辆作业，滚装作业货场应与滚装仓储库一同位于仓储作业区内。滚装作业货场面积计算方法如下：

$$A_6 = A_7 + A_8 \tag{8-6}$$

$$A_7 = \frac{Q_1 \times T_1 \times K_2 \times a_8}{f_2} \tag{8-7}$$

$$A_8 = \frac{Q_2 \times T_2 \times K_2 \times a_8}{f_2} \tag{8-8}$$

式中：A_6——货场面积，m^2；

A_7——中转货场面积，m^2；

A_8——仓储货场面积，m^2；

K_2——入场系数，取0.3～0.5；

a_8——平均每吨货物占地面积，取0.6～1.2，m^2/t。

3）装卸（作业）场

各类仓库、货场、铁路专用线一侧或两侧应设置装卸（作业）场，并与主要道路衔接。

装卸货场宽度应满足滚装车辆掉头、装卸作业要求；滚装装卸（作业）场地面荷载设计值应满足滚装装卸作业和滚装车辆行驶的承载要求。

单面作业装卸（作业）场面积计算见下式。

$$A_9 = 2 \times L \times L_t \tag{8-9}$$

式中：A_9——单面作业装卸（作业）场面积，m^2；

L——仓库总长度，m；

L_t——滚装作业车辆长度，m。

双面作业装卸（作业）场的面积是单面装卸（作业场）面积的两倍，即：

$$A_{10} = 2 \times A_9 \tag{8-10}$$

式中：A_{10}——双面作业装卸（作业）场面积，m^2。

4）道路设施

滚装作业场站的道路建设要求主要考虑道路标志线、道路宽度和转弯半径三个方面。

滚装作业场站内的道路应依据《道路交通标志和标线》（GB 5768—2009）的技术要求设置道路标志标线，以引导车辆在站内顺畅行驶，降低车辆运行安全风险和不必要的怠速慢车。

关于道路转弯半径，相关研究表明：在转弯时，半挂车各车轴车轮都必须处于纯滚动而无滑动状态，而在不考虑轮胎弹性变形的情况下，车轮只有沿着圆心的切线方向滚动才是纯滚动，所以理想的半挂车转弯中心应是各车轴轴线的交点。

三、滚装业务生产辅助设施

滚装业务生产辅助设施主要包括车辆维修维护设施、停车场、动力设施、供水供热设施、环保设施等。生产辅助设施应按需设置。

1. 停车场

滚装作业场站内车辆种类繁多，为保障码头交通顺畅运作，应设置停车场。场内停车场应满足流动装卸机械、场站自备车辆及社会车辆停放要求，为提高滚装作业效率，节约成本，场内停车场宜设置在距离滚装仓库或货棚附近；场外停车场应满足社会车辆及有停靠需求的公路车辆运输车等车辆的停放要求，宜设置在大门附近。

停车场面积应根据停放车辆类型及数量、停放形式、作业流程等因素确定，计算方法如下：

$$A_{11} = \sum_{i=1}^{i=n} A_{11i} \tag{8-11}$$

式中：A_{11}——停车场面积，m^2；

A_{11i}——各类车停车场面积，m^2；

$$A_{11i} = K_3 \times N_{11i} \times F_{11i} \tag{8-12}$$

式中：K_3——停车系数，一般取 3；

N_{11i}——各类车日停车数量；

F_{11i}——各类车投影面积，m^2。

2. 环保设施

滚装作业场站环保设施包括绿化区、污水处理设施、噪声控制设施等。

根据《水运工程环境保护设计规范》（JTS 149—2018）规定，港口的陆域应根据条件进行绿化，绿化面积不应小于可绿化面积的 85%，绿化树种应为满足吸尘和减弱风速的乔木为主，其余根据所在地区的气候、土壤条件确定。

四、滚装业务生活服务设施

滚装业务生活服务设施主要包括食宿设施和其他服务设施。可根据需要设置宿舍、食堂、浴室、娱乐等生活设施，所建设施应满足滚装作业场站员工生活需要。

第三节 滚装作业场站设施布局优化方法

滚装作业场站设施布局应充分考虑场站内物流、交通流、人流和信息流等因素，对建筑物、运输通道和场地等作出有机的组合与合理配置，达到场站内部设施布置的最优化。

在滚装作业场站设施布局的过程中，先要进行总体方案设计，再进行详细布置，最后再把详细布置设计反馈到总体布置方案中。这是一个从宏观到微观，又从微观到宏观的反复迭代设计的过程。

一、滚装作业场站设施布局优化的目标和原则

1. 滚装作业场站设施布局优化的目标

滚装作业场站设施布局优化，主要实现以下目标：

1）总体目标

在已确定的空间作业场所内，将滚装业务活动涉及的车辆、作业人员、设备、物料所需的空间进行最适当的分配和最有效的组合，达到空间作业场所内的系统作业效率的最优。

2）具体目标

最佳的工艺流程：实现滚装作业在场站内的工艺流程畅通、合理、低成本、高效、流程时间短。

最少的物料搬运费用：滚装车辆在场站内的运输路线要尽可能简化，缩短不同作业部门间的距离，避免迂回往返和交叉。

最有效的空间利用率和科学的布局：滚装作业场站内的建筑设施、设备和单位货品的占有空间要最小；有密切关系或性质相近的作业单位应靠近布局。

最好的柔性管理与作业：滚装作业场站的设施布局要适应产品需求的变化、工艺和设备的更新。

最舒适的作业环境：保证场站作业的安全，满足场站内工作人员的生理和心理要求。

2. 滚装作业场站设施布局优化的原则

从满足滚装作业物流企业发展的角度来说，滚装作业场站内部设施的布局应遵循以下原则：

1）近距离原则

在条件允许的情况下，使滚装作业货物在滚装作业场站内流动的距离最短。以最少的运输与搬运量，使滚装作业货物以最快的速度到达客户的手中，并满足客户的要求。

2）设施布局整体优化原则

应尽量使彼此之间货物流量大的设施布置得近一些，而物流量小的设施与设备可布置得远一些，同时尽量避免货物运输的迂回和倒流。

3）系统优化原则

滚装作业场站设施的布局，不仅要考虑到作业流程的优化，还要重视布局的整体优化。既要解决各物流环节的机械化、省力化和标准化，又要解决场站的整体化、合理化和系统化；既要考虑控制成本，又要使用户满意，提高服务水平，增强竞争力。

4）柔性化原则

随着社会经济的发展，货流量及滚装作业货物的种类也会发生变化，滚装作业场站的建设应适应货流量的增加和种类的变化。为了满足国际经济形势的变化导致的货流量跳跃式的增长，滚装作业场站的建设必须留有发展的空间。

5）满足物流作业流程和管理要求的原则

设施布局首先要满足滚装作业场站作业流程的要求。要有利于货畅其流，有利于物料流动和管理，有利于各环节的协调配合，使滚装作业场站的整体功能得到充分的发挥并能获得最好的经济效益。

6）特殊性原则

滚装作业有不同于普通运输作业的特殊要求，如站内道路能满足滚装车辆行驶要求，装卸平台能适合滚装车辆作业等。场站布局和建设应该能满足滚装作业的特殊要求，在取得经济效益的基础上，还能最大限度地发挥滚装作业的优势，优化车辆调度，提高作业效率，减少能源消耗，降低碳排放，创造最大的社会效益。

二、设施布局设计的传统方法

1. 设施布局设计的方法

早期的工厂设计是设施布局问题研究的起源，最初传统的设施布局设计主要是凭经验，通过丰富的布置经验，完成对早期工业化时代的工厂设施布置和平面设计工作。后来随着学者的研究，逐渐有一些数量模型被引入到设施布局问题的应用中，并取得了较好的应用效果。

设施布局设计的方法可分为：

1）摆样法

摆样法是指利用二维平面比例模拟方法，按一定比例制成的样片在同一比例的平面图上表示设施系统的组成、设施、机器或活动，通过相互关系的分析，调整样片位置可得到较好的布局方案。这种方法适合于简单的布局设计。

2）数学模型法

数学模型法是运用系统工程、运筹学中的模型优化技术研究最优布局方案，以提高系统布置的精确性和效率。

3）图解法

图解法产生于20世纪50年代，具体又可分为螺旋规划法、简化布置规划法和运输行程图等。图解法的优点在于将摆样法和数学模型法结合起来，但实践上应用不广。

4）系统化设施布置规划方法

1961年，Richard Muther运用系统工程的概念和系统分析的方法，提出了系统化设施布置规划方法（Systematic Layout Planning，SLP）理论。SLP方法通过对各个作业单位之间的相互关系作出分析，得到相互关系图，根据关系图中各作业单位之间相互关系密切程度，决定各个作业单位间的相邻关系和距离，安排各单位的位置，绘制位置相关图，再将单位实际占地面积与位置相关图结合起来，通过修正和调整，得到各种可行方案，最后对各方案进行评价，选择最优方案。

SLP是一种条理性很强、物流分析与作业单位关系密切程度分析相结合、能求得合理布局的技术，因此在物流中心和物流园区设施布局设计领域得到广泛应用。国内在20世纪80年代以后引进了这一理论，成效非常显著。

2. 传统的SLP理论

1）基本思想

首先对各作业单位之间的相互关系进行综合分析，得到作业单位相互关系表；然后根据相互关系表决定各作业单位之间的相对位置，得到作业单位面积相关图；最后调整单位面积相关图，得到可行的布置方案。

2）基本要素

在SLP理论中，产品P、数量Q、生产路线R、辅助部门S及时间安排T作为给定的基本要素。这五个要素是设施布局设计工作的基本出发点，只有在对各要素进行全面调查和准确分析的基础上，才能求得布局的最佳方案。具体而言，这五个要素具体含义：产品P，是指待布置工厂将加工的物料、零件和成品等，包括其变化和特性；产量Q，是指每种物品的数量，可以用件数、重量、体积等来表示；生产路线R，是指加工流程或搬运路线；辅助服务部门S，是指支持生产过程的服务部门或辅助部门；时间T，是指与前面四个要素有关的时间要素，如各工序的操作时间、换批量的次数等。

3）SLP设计的主要过程

运用SLP进行设计一般需要经过四个阶段：

（1）确定位置。通过分析满足生产能力及需求量的设施要求，确定位置及其外部条件。

（2）总体区划。在已确定的位置上按功能要求确定主要作业区、作业单位的相互关系和大小，规划出一个总体布局。

（3）详细布置。按规划要求确定每个设施的位置，作出详细的设施布置设计图。

（4）实施。在完成详细布置设计以后，进入施工阶段。

SLP 法设计的一般流程如图 8-1 所示。

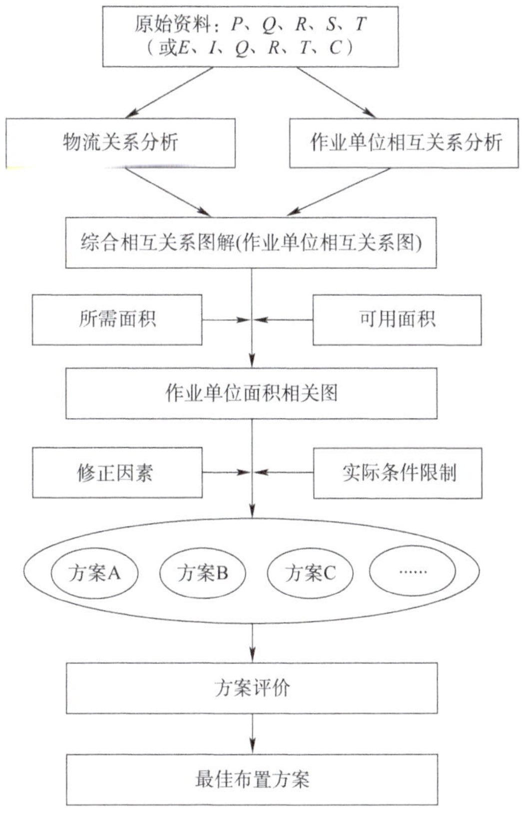

图 8-1　SLP 法设计的一般流程

图 8-1 涉及的流程分析、物流相关性和活动相关性分析等分析过程，具体含义如下：

（1）作业流程分析。货运场站的主要活动为进出货、仓储、订单拣取、运输配送、中转转运、流通加工、包装、退货作业等，在功能布局前应先明确主要的物流作业流程。

（2）物流相关性分析。对货运场站的物流路线和物流量进行分析，用物流强度和物流相关表来表示各功能区域之间的物流关系强弱，绘出物流相关图。物流流量分析是汇总各项物流作业活动从某区域至另一区域的物料流量，作为分析各区域间物料流量大小的依据，若不同物流作业在各区域之间的物料搬运单位不同，则必须先转换为相同单位后，再合并计算其物流流量的总和。根据物流量分析表，可得到各区域的物流相关表。按照各区域物流量的大小，将其分为5个级别，分别用A、E、I、O、U表示。A、E、I、O、U为物流相关性，其中A为超高、E为特高、I为较大、O为一般、U为可忽略。

（3）活动相关性分析。货运场站内除了与物流有关的功能区域外，还有许多与物流无关的管理或辅助性的功能区域。这些区域尽管本身没有物流活动，但却与其他区域有密切的业务关系，故还需要对所有区域进行业务活动相关性分析，确定各区域之间的关联程度。

各作业区域间的活动关系具体可以概括为以下内容。

程序性的关系：因物料流、信息流而建立的关系。

组织的关系：部门组织上形成的关系。

功能的关系：区域间因功能需要形成的关系。

环境的关系：因操作环境、安全考虑上需保持的关系。

按照表8-2将区域间的关联程度分为A、E、I、O、U、X这6个等级。

关联程度等级表 表8-2

符号	A	E	I	O	U	X
意义	绝对重要	特别重要	重要	一般重要	不重要	不可靠近
数值	5	4	3	2	1	0

评定关联程度的参考因素包括，人员往返接触的程度、文件往返频度、组织与管理关系、使用共享设备与否、使用相同空间区域与否、配合业务流程的顺序、是否进行类似性质的活动、作业安全上的考虑、工作环境改善、提升工作效率及人员作业区域的分布等因素。确定各区域关联程度的等级后，以权重分数计算两两区域间的重要相关程度。

一般关联程度高的区域在布置时应尽量紧邻或接近，而关联程度低的区域则不宜接近。在规划过程中，应由规划设计者根据使用单位或经营者的意见，进行综合的分析和判断。基于不同的关联程度需加以分析，以作为布局参考的依据，在滚装作业场站的布置规划中，可区分为滚装作业区域、辅助作业区域与其他活动区域等三部分。在进行布局规划时，应先对规划区域的特性及活动的相关性做分类，再进行活动相关性分析。

（4）区域布局。区域布局的逻辑有两种，一种是内围式程序，它先决定货运场站模板面积的大小和长宽比例，然后在此范围内布局各相关作业区域；另外一种是外张式程序，先确定各作业区域的相邻关系，完成可行的面积组合形式，再框出外部区域的面积范围，并进行各区域面积的局部调整，以完成各区域面积的布置。

（5）调整布局。在规划布局过程中，一些限制条件必须加以考虑，对规划方案进行必要的调整。限制的条件主要包括车辆、物料和人员的流动是否顺畅；货运场站的建筑密度、容积率、绿地率等是否符合相关规定；是否满足土地建筑法规、环保卫生安全等相关法规；是否满足交通出入口及所在地形区位的特殊限制等；其他投资规模和政策要求等因素的限制。最后，对多个比较方案进行评价，得到最佳布置方案。

3. 传统 SLP 法的不足和改进

滚装作业场站的生产运作既有服务企业的特点，又有生产企业的特点，因此在滚装作业场站的设施布局设计中，直接采用以往生产制造领域的 SLP 方法不太合适，采用建筑设计的方法更不可取。尤其是随着科学技术的进步和市场经济的发展，将 SLP 方法直接应用于现代意义下的滚装作业场站进行布置设计，存在如下诸多不足。

1）不适合滚装作业场站的生产特点

传统的 SLP 方法是基于计划推动式生产的方法，而滚装作业场站的生产是基于市场订单需求，属于拉动式生产。

2）缺少物流战略规划

战略规划比任何其他因素对滚装作业场站设施布局的影响都要大，布局设计各项问题的分析都要基于企业经营战略，以实现战略规划为目标。传统的设施布局方法缺少物流战略规划，影响滚装作业场站的持续发展。

3）缺少动态柔性

SLP 方法基本上是静态的，缺乏动态柔性。而滚装作业场站的生产经营是以市场为导向的，随机性、时效性等特点很明显，要求其设施布局和生产系统具有适当的弹性、柔性，能够紧随市场变化及时地、适度地进行调整。

4）SLP 方法缺少动态分析过程

在整个滚装作业场站范围内，车辆、货物和人员的流动不能发生阻断、迂回、绕行和相互干扰等现象，要求场站内的车辆、物料和人员的流动性要合理、流畅。在总体规划方案初步确定后，需要及时地进行物料和人员的流动性分析，以便作出相应的调整。

5）SLP 方法没有充分考虑利用计算机技术

传统的方法主要是手工布局，受个人经验、自身知识及能力等多种因素的影响，虽然在布局过程中考虑了系统优化，但往往得不到较优解，有时得到的可能仅仅是非劣解，想要获得优秀的、令人满意的方案是比较困难的；而且手工布局程序烦琐，导致设计者最终提供给决策者的方案较少，可供决策者选择的余地太小，不利于科学决策。

通过以上分析，需要对 SLP 进行改进，使之能够更适用于滚装作业场站的内部设施布局。改进主要包括两个方面：

改进之一是补充完善滚装作业场站相关资料分析，这些影响场站设施布局优化的基础数据和背景资料主要包括：E（Entry），指服务的对象或接收的订单种类，如生产制造企业、电子商品流通企业等；I（Item），指处理滚装货物的种类如商品车、集装箱运输、工程机械、件杂货等；Q（Quantity），指场站货物作业量；R（Route），指滚装作业场站的作业流程，如卸货、装货、上下船等；T（Time），指滚装各项工艺的服务时间；C（Cost），指滚装作业场站的建造预算。

改进之二是在得到初步的滚装作业场站总体平面布置后，根据场站的滚装作业流程和作业要求，对场站内部的物流和人行进行详细的分析，其目的在于使其场站内部的物流和人行具有最大的合理性和流畅性，并使场站的内部布局合理化，提高场站的运转效率。

改进的滚装作业场站设施布局设计流程如图 8-2 所示。

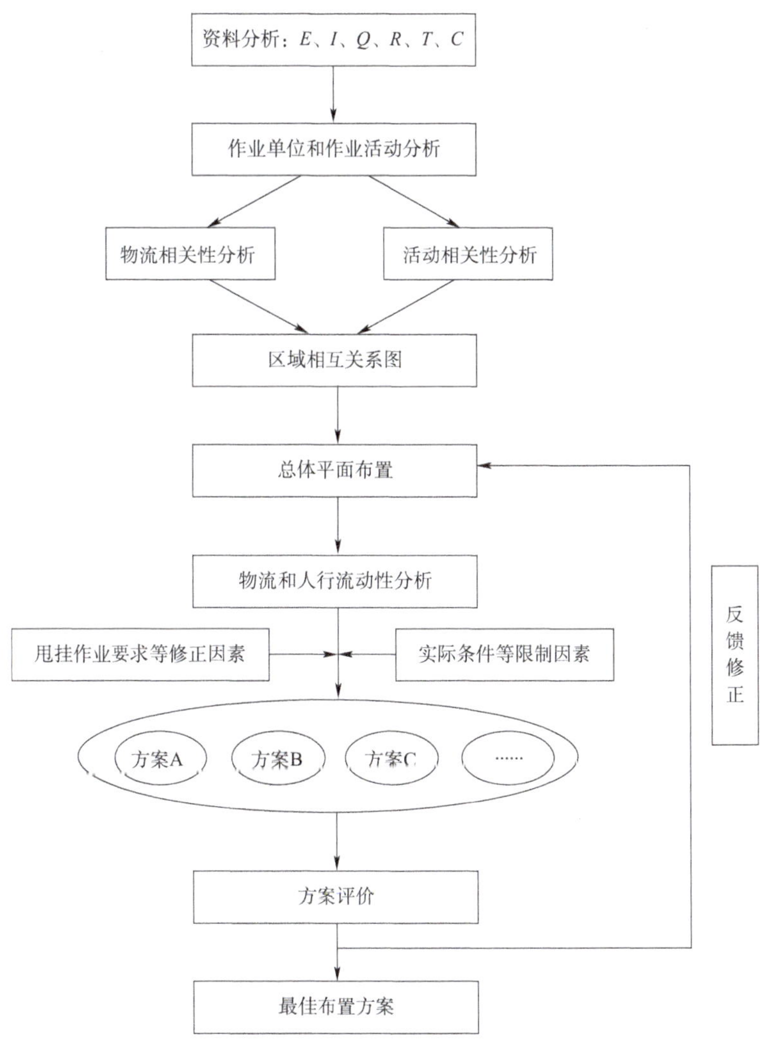

图 8-2　改进的场站设施布局设计流程

三、滚装作业场站设施布局优化模型

滚装作业场站设施布局优化问题最主要的目标是提高场站内部滚装作业的效率，也就是要通过场站设施的合理布局，实现场站内部各功能区之间物料搬运成本的最小，或者实现各功能区间的邻接关联度最大。滚装作业场站设施布局优化问题的目标函数可定义为场站内各功能区间物料搬运成本最小和邻接关联度最大的多目标函数，为了便于求解模型，可采用比例分配的方法将其转化为单目标函数。但是场站设施布局优化问题是一个大规模组合优化问题及高度约束的工程问题，其求解是一个 NP-hard 问题，不存在多项式求解算法，即便借助现代计算机手段，获得的也是近似解。近年来涌现出的遗传算法、模拟退火算法、微粒群算法等智能优化算法，尽管不能保证求得全局最优解，但具有容易操作、不需要导数和其他辅助知识、能尽可能找到全局最优解等优点，因而得到了广泛使用。

1. 模型假设前提和已知数据

根据模型需求，列出如下假设条件：

（1）滚装作业场站布局规划的范围为已知，且形状为矩形。

（2）滚装作业场站内各设施所占区域平面为矩形。

（3）假设进行设施布置的平面为共平面。

（4）各设施四周都预留有固定宽度通道。

（5）假设滚装作业货物进、出货点都设在各个设施的边的中点上。

根据模型需求，必须已知以下数据：

（1）需要布局优化的设施种类和数目。

（2）各设施间的关联度。

（3）各设施间的物料流动数。

（4）单位物料搬运成本。

（5）各设施的面积（其长和宽在模型中也应该为已知数据）。

（6）所有设施的总面积。

2. 模型目标函数表达

根据模型目标要求，构建多目标函数表达式：

$$\begin{cases} \min F_1 = \sum_{i=1}^{N-1} \sum_{j=i+1}^{N} f_{ij} c_{ij} d_{ij} \\ \max F_2 = \sum_{i=1}^{N-1} \sum_{j=i+1}^{N} A_{ij} R_{ij} \end{cases} \tag{8-13}$$

$$s.t. \begin{cases} \sum_{i=1}^{N} s_i \leqslant S \\ d_{ij} = |x_{ci} - x_{cj}| + |y_{ci} - y_{cj}| \\ x_i + l_i \leqslant L \\ y_i + b_i \leqslant B \\ l_i = |2c_i - 1| \times k_i + ||2c_i - 1| - 1| \times h_i \\ b_i = |2c_i - 1| \times h_i + ||2c_i - 1| - 1| \times k_i \\ x_{ci} = x_i + \dfrac{l_i}{2} \\ y_{ci} = y_i + \dfrac{b_i}{2} \end{cases} \tag{8-14}$$

式中：F_1——各设施间物料流动总成本；

F_2——各设施间邻接关联度之和；

N——设施总数；

f_{ij}——设施 i 和设施 j 之间的物料流动流动数；

c_{ij}——设施 i 到设施 j 的单位物料搬运成本；

d_{ij}——设施 i 中心到设施 j 中心的距离；

x_i、y_i——设施 i 的左下角坐标；

c_i——设施 i 的定向指标，设施 i 竖放时取值 0.5，横放时取值 1；

x_{ci}，y_{ci}——设施 i 的中心坐标；

l_i、b_i——设施 i 的 X 轴向、Y 轴向的长度；

k_i、h_i——设施 i 的实际长和宽（$k_i \geqslant h_i$）；

R_{ij}——设施 i 与设施 j 的关联度取值，根据 SLP 理论，将关联度分为 A、E、I、O、U 六个等级，对应取值见表 8-3；

A_{ij}——设施 i 与设施 j 的邻接度因子，是由设施 i 到设施 j 的距离 d_{ij} 和设施之间可能的最大距离 d_{max} 所确定的邻接程度，具体见表 8-4；

s_i——设施 i 的面积；

S——滚装作业场站的总规划面积；

L、B——矩形规划面积的总长和总宽，总长对应 X 轴，总宽对应 Y 轴；

d_{max}——最大距离，可设置为整个滚装作业场站规划区域面积的最大长边距离。

设施关联度量化表 表 8-3

设施关联度	A	E	I	O	U	X
关联度对应值 R_{ij}	5	4	3	2	1	0

设施邻接度量化表 表 8-4

设施间距 d_{ij}	设施邻接度因子 A_{ij}	设施间距 d_{ij}	设施邻接度因子 A_{ij}
$(0, d_{max}/6]$	1.0	$(d_{max}/2, 2d_{max}/3]$	0.4
$(d_{max}/6, d_{max}/3]$	0.8	$(2d_{max}/3, 5d_{max}/6]$	0.2
$(d_{max}/3, d_{max}/2]$	0.6	$(5d_{max}/6, d_{max}]$	0.0

滚装作业场站设施布局优化模型的设施坐标图解如图 8-3 所示。

以上模型为多目标优化问题，而且 F_1 和 F_2 分别为最小化和最大化函数，可以采用比例系数法将模型转化为单目标函数，如下：

$$\min F_3 = w_1 F_1 + w_2 F_2 = w_1 \sum_{i=1}^{N-1} \sum_{j=i+1}^{N} f_{ij} c_{ij} d_{ij} + w_2 \sum_{i=1}^{N-1} \sum_{j=i+1}^{N} (V - A_{ij} R_{ij}) \qquad (8\text{-}15)$$

式中：w_1——物料流动总成本项权值；

w_2——邻接关联度项权值，$w_1 + w_2 = 1$；

V——将 F_2 转化为最小化函数的值，可取 1。

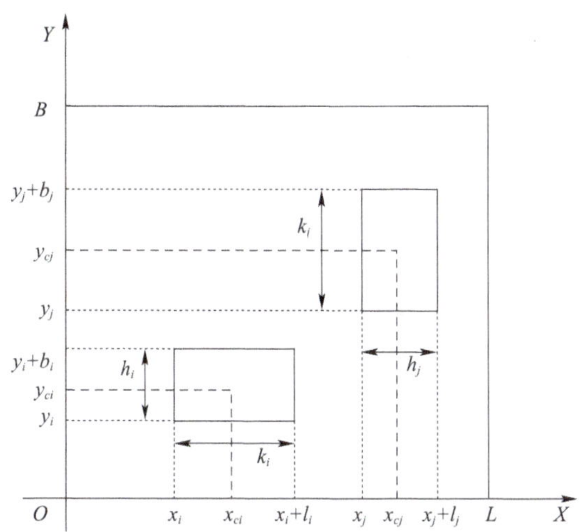

图 8-3　场站设施布局优化模型的设施坐标图

四、基于遗传—模拟退火混合优化策略的模型求解算法

由于场站设施布局优化问题是一个大规模组合优化问题及高度约束的工程问题，其求解是一个 NP-hard 问题，不存在多项式求解算法，很难获得全局最优解。遗传算法模拟达尔文的遗传选择和自然淘汰的生物进化过程，是一种新的全局优化算法，更易找到全局解，但是其中的一些参数诸如交叉概率、选择概率如何选取往往很难确定，如果选取不当，容易出现陷入局部最优解难以自拔、进化缓慢等不良现象。模拟退火算法是另外一种高效的智能优化算法，虽然找到全局最优解的概率接近 100%，但是它的算法参数仍然很难确定，而且返回一个高质近似解的时间花费较多，当问题规模增大时，难于承受的运行时间将使算法丧失可行性。

基于以上分析，报告考虑采用基于遗传算法（GA）和模拟退火算法（SA）的 GASA 混合优化策略求解滚装作业场站设施布局优化问题。混合算法吸收了单一算法的各自优点，克服了它们本身的缺点，计算精确度高，更容易得到全局最优解。

1. GASA 混合优化策略的优点

具体来说，混合优化策略在求解滚装作业场站设施布局优化模型方面具有以下优点：

（1）鲁棒性提高。GA 和 SA 算法对参数具有很强的依赖性，对于非线性的滚装作业场站设施布局优化模型来说，参数选择不合适将严重影响优化性能。GA 和 SA 的相结合，使算法各方面的搜索能力均有提高，因此对参数的选择不必过分严格。

（2）混合优化算法增强了算法在解空间中的搜索能力和效率，所以也能更可靠地找到滚装作业场站设施布局优化模型的全局最优解。混合算法结合了 GA 和 SA 的搜索，优化过程中包含了 GA 的复制、交叉、变异和 SA 的状态产生函数等不同的邻域搜索结构。复制操作有利于优化过程中产生优良模态的冗余信息，交叉操作有利于后代继承父代的优良模式。高温下的 SA 操作有利于优化过程中状态的全局大范围迁移，避免陷入局部最优解。变异和低温下的 SA 操作有利于优化过程中状态的局部小范围移动，有利于提高局部搜索能力。

（3）混合优化算法是一个两层并行搜索结构，始终进行群体并行优化，提高了找到滚装作业场站设施布局优化模型全局最优解的效率。进程层次上，混合算法在各温度下串行地依次进行 GA 和 SA 的搜索，是一种两层串行结构。其中，SA 的初始解来自 GA 的进化结果，SA 经 Metropolis 抽样过程得到的解又成为 GA 进一步进化的初始种群。

（4）GA 和 SA 算法行为互补，克服了各自的缺点，从而求解诸如滚装作业场站设施布局优化划模型等这些非线性问题时能力更强。若收敛准则设计不好，则 GA 经常会出现进化缓慢或者“早熟”收敛现象。另一方面，SA 的优化行为对退温历程有很强的依赖性，而理论上的全局收敛对退温历程的限制条件很苛刻，因此 SA 优化时间性能较差。二者结合，SA 的两准则可控制收敛性以避免出现“早熟”收敛现象，并行化的抽样过程可提高算法的优化时间性能。

（5）GASA 混合优化策略继承了智能优化算法的优点，不仅操作更为简单，比如在求解滚装作业场站设施布局优化模型时不需要导数等复杂的高等数学知识，从而为研究人员探讨研究滚装作业场站设施布局优化模型等复杂性问题提供了更广阔的思路和更简捷的途径，而且它的适应范围更广，可用来求解其他传统优化算法难以求解的优化问题。

2. 遗传—模拟退火混合优化策略流程

遗传模拟退火混合优化策略可以归纳如下：GA 利用 SA 得到的解作为初始种群，通过复制、交叉、变异等遗传操作使种群得以进化；SA 对 GA 得到的进化种群进行进一步优化，温度较高时表现出较强的概率突变性，体现为对种群的“粗搜索”，温度较低时演化为局部搜索，体现为对种群的“细搜索”。具体流程如图 8-4 所示。

3. 用遗传—模拟退火算法混合优化策略求解滚装作业场站设施布局优化模型

采用遗传—模拟退火算法混合优化策略求解滚装作业场站设施布局优化模型的基本思想是：对模型的变量进行编码，计算每个染色体字串的适应度，再经过复制、交叉、变异和模拟退火操作后，可以得到最佳串。具体算法步骤如下：

Step 0：设置混合优化算法的参数。设置种群大小 Popsize、交叉概率 P_c、变异概率 P_m、最大进化代数 max—gen、初始温度 t_0 等参数。输入滚装作业场站设施布局优化问题中的已知条件。给出设施总数 N、总规划面积 S、规划面积的总长 L 和总宽 B 等参数值。

Step 1：考虑优化模型的限制条件，随机产生初始种群。

Step 2：根据确定的适应度函数，计算每一个体 $V_i(k)$ $(k=1, 2, \cdots, N)$ 的适应度。如果连续几代个体平均适应度的差异小于某一个极小的阈值，则选当前最佳的个体为最优染色体，进行解码得到最优解。否则转 Step 3。

Step 3：根据适应度分布复制种群 $V(k)$。

Step 4：根据交叉概率 P_c，执行交叉操作。

Step 5：根据变异概率 P_m，执行变异操作，从而得到新种群 $V(k+1)$。

Step 6：对 $V(k+1)$ 中每一个体进行 Metropolis 抽样。

Step 7：由 SA 状态产生函数产生新个体。

Step 8：以概率接受新个体。

Step 9：若抽样稳定，退温，转 Step 2。否则，转 Step 7。

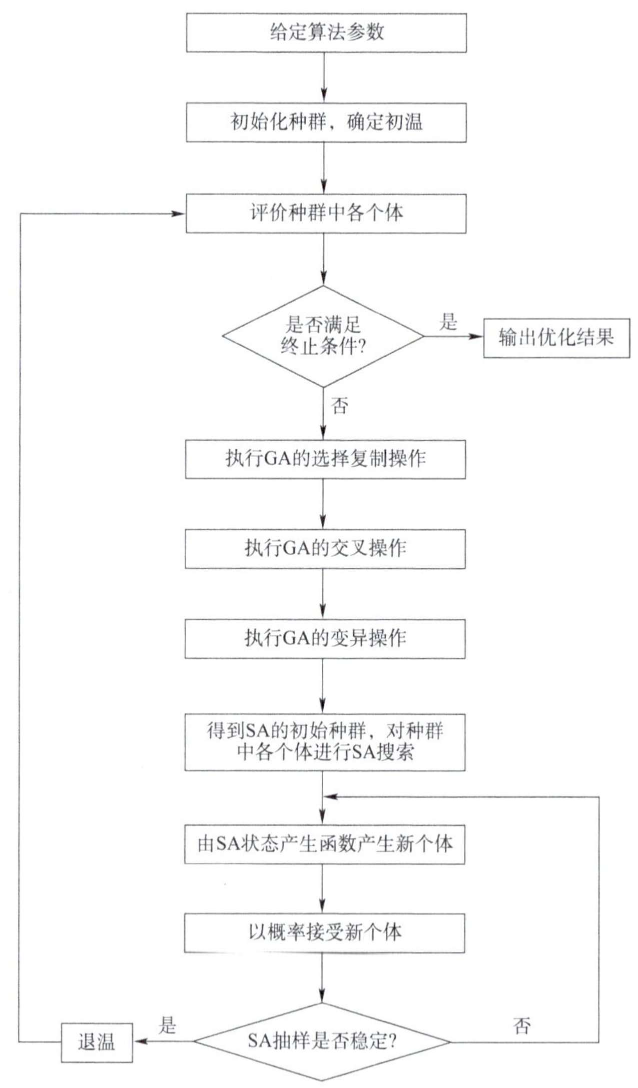

图 8-4 遗传—模拟退火算法流程图

关于上述算法的说明：

（1）在 Step 1 中，初始种群中的个体染色体基因字串结构，是由设施个体左下角的横坐标与纵坐标以及其定向指标组成的。取设施 i 的基因形式为（x_i，y_i，c_i），可以将一完整的染色体表示为 $V=$（x_1，y_1，c_1，x_2，y_2，c_2，…，x_N，y_N，c_N）。

（2）在 Step 4 中，交叉操作如下：

根据交叉概率选择染色体双亲 V_1 和 V_2，随机产生单断点数 i，找出两染色体中与断点 i 对应的双亲基因（x_i^1，y_i^1，c_i^1）和（x_i^1，y_i^2，c_i^2），分别在对方的染色体中寻找与 i 设施最近的设施：V_2 中的设施 k，V_1 中的设施 m，即 V_1 中的设施 i 与 V_2 中的设施 k 二者之间的中心距离最小，而 V_2 中的设施 i 与 V_1 中的设施 m 二者之间的中心距离最小。相互交换基因即可得到交叉后的子代。

交叉前的双亲：

$$V_1=(\cdots, x_i^1, y_i^1, c_i^1, \cdots, x_m^1, y_m^1, c_m^1, \cdots)$$

$$V_2=(\cdots, x_i^2, y_i^2, c_i^2, \cdots, x_k^2, y_k^2, c_k^2, \cdots)$$

交叉后的子代：

$$V_1=(\cdots, x_i^1, y_i^1, c_i^1, \cdots, x_k^2, y_k^2, c_k^2, \cdots)$$

$$V_2=(\cdots, x_i^2, y_i^2, c_i^2, \cdots, x_m^1, y_m^1, c_m^1, \cdots)$$

（3）在 Step 5 中，变异操作如下：

根据变异概率选择变异染色体，对变异染色体随机产生单断点 i，移动距离数为 k。设施 $i-1$ 及其前面的各个设施位置和方向保持不变，设施 i 移至原设施 $i+1$ 的位置并根据 $i+1$ 的定向指标确定自身的方向，而设施 $i+1$ 移至原设施 $i+2$ 的位置，并根据 $i+2$ 的定向指标确定自身的方向，依此类推至设施 $i+k-1$ 移至原设施 $i+k$ 处；而后，设施 $i+k$ 移动到原来设施 i 的位置并根据 i 的定向指标确定自身的方向；最后设施 $i+k+1$ 及其后面的设施位置及方向保持不变。例如：

变异父代：

$$V=(\cdots, x_{i-1}, y_{i-1}, c_{i-1}, x_i, y_i, c_i, x_{i+1}, y_{i+1}, c_{i+1}, \cdots, x_{i+k}, y_{i+k}, c_{i+k}, x_{i+k+1}, y_{i+k+1}, c_{i+k+1}, \cdots)$$

变异子代：

$$V'=(\cdots, x_{i-1}, y_{i-1}, c_{i-1}, x_{i+k}, y_{i+k}, c_{i+k}, x_i, y_i, c_i, \cdots, x_{i+k-1}, y_{i+k-1}, c_{i+k-1}, x_{i+k+1}, y_{i+k+1}, c_{i+k+1}, \cdots)$$

（4）在 Step 7 中，SA 状态产生函数可设计为逆序操作（INV），即将染色体中两不同随机位置间的基因串逆序。例如，随机产生两个断点 i 和 k（$i<k$），将它们之间的基因串逆转顺序后就形成新的个体，例如：

逆序前的父代：

$$V=(\cdots, x_{i-1}, y_{i-1}, c_{i-1}, x_i, y_i, c_i, x_{i+1}, y_{i+1}, c_{i+1}, \cdots, x_{i+k-1}, y_{i+k-1}, c_{i+k-1}, x_{i+k}, y_{i+k}, c_{i+k}, x_{i+k+1}, y_{i+k+1}, c_{i+k+1}, \cdots)$$

逆序后的子代：

$$V'=(\cdots, x_{i-1}, y_{i-1}, c_{i-1}, x_{i+k}, y_{i+k}, c_{i+k}, x_{i+k-1}, y_{i+k-1}, c_{i+k-1}, \cdots, x_{i+1}, y_{i+1}, c_{i+1}, x_i, y_i, c_i, x_{i+k+1}, y_{i+k+1}, c_{i+k+1}, \cdots)$$

五、场站改造布局优化方法及求解算法

部分货运场站以满足传统货运作业的需求为主，难以完全适应滚装作业的要求，典型的问题就是装卸平台的高度和站内道路可能不能完全匹配滚装作业车辆，缺少挂车停车场等。对于现有场站，必须进行改造才能满足滚装作业的需求。本指南主要研究已建场站为增加滚装作业功能进行改造，在现有基础条件下进行布局优化的方法。

1. 模型假设前提和已知数据

根据模型需求，列出如下假设条件：

（1）现有场站内增加的各滚装作业设施所占区域平面为矩形。

（2）各新增设施四周都预留有固定宽度通道。

(3) 假设滚装作业货物进、出货点都设在各个设施的边的中点上。

根据模型需求，必须已知的数据主要包括：

(1) 需要布局优化的滚装运输作业设施数目。

(2) 各滚装运输作业设施间的关联度。

(3) 各滚装运输作业设施间的物料流动数。

(4) 单位物料搬运成本。

(5) 各滚装运输作业设施的面积（其长和宽在模型中也应该为已知数据）。

(6) 所有滚装运输作业设施的总面积。

2. 模型目标函数表达

根据模型目标要求，构建场站改造布局优化的多目标函数表达式：

$$\begin{cases} \min F_1 = f_1 + f_2 = \sum_{i=1}^{M-1} \sum_{j=i+1}^{M} f_{ij} c_{ij} d_{ij} + \sum_{i=1}^{N-1} \sum_{j=i+1}^{N} f_{ij} c_{ij} d_{ij} \\ \max F_2 = f_3 + f_4 = \sum_{i=1}^{M-1} \sum_{j=i+1}^{M} A_{ij} R_{ij} + \sum_{i=1}^{N-1} \sum_{j=i+1}^{N} A_{ij} R_{ij} \end{cases} \tag{8-16}$$

$$s.t. \begin{cases} \sum_{i=1}^{N} s_i \leqslant S \\ d_{ij} = |x_{ci} - x_{cj}| + |y_{ci} - y_{cj}| \\ x_i + l_i \leqslant L \\ y_i + b_i \leqslant B \\ l_i = |2c_i - 1| \times k_i + ||2c_i - 1| - 1| \times h_i \\ b_i = |2c_i - 1| \times h_i + ||2c_i - 1| - 1| \times k_i \\ x_{ci} = x_i + \dfrac{l_i}{2} \\ y_{ci} = y_i + \dfrac{b_i}{2} \end{cases} \tag{8-17}$$

式中：F_1——各设施间物料流动总成本，其中 f_1 是新增滚装运输作业设施与相邻的场站原有设施间的物料流动总成本，f_2 是新增滚装运输作业设施之间的物料流动总成本；

F_2——各设施间邻接关联度之和，其中 f_3 是新增滚装运输作业设施与相邻的场站原有设施间的邻接关联度之和，f_4 是新增滚装运输作业设施之间的邻接关联度之和；

M——与新增滚装运输作业设施相邻的原有场站设施的数目；

N——新增滚装运输作业设施总数。

其他参数和模型（8-13）中的定义与取值一致，同理可以采用比例系数法将模型转化为单目标函数，如下：

$$\min F_3 = w_1 F_1 + w_2 F_2 = w_1 \sum_{i=1}^{N-1} \sum_{j=i+1}^{N} f_{ij} c_{ij} d_{ij} + w_2 \sum_{i=1}^{N-1} \sum_{j=i+1}^{N} (V - A_{ij} R_{ij}) \quad (8\text{-}18)$$

3. 模型求解算法

模型（8-16）同样是 NP-hard 问题，仍然可以采用遗传—模拟退火混合优化策略来求解，具体步骤参见 8.3.4 节中的描述。

六、布局优化模型求解后的场站设施布局进一步调整

以上建立的优化模型（8-13）和（8-16）是针对滚装作业场站内分区块的设施布局的模型，由于模型并未考虑设施区域之间的通道，也就是未对场站内部的人流、车流和物流进行分析。因此，在求出模型（8-13）和（8-16）后，还需要根据场站的滚装作业流程和作业要求，对滚装作业场站内部的人流、车流和物流等动态分析，结合场站的出入口设置、通道设置、用地地形和对外交通等因素，对初步方案进行适度调整，进一步优化场站设施布局，最终得到滚装作业场站的合理布局。

第九章

滚装作业场站设备配置及仓储与辅助设施设计参数

第一节 装卸设备种类

一、不同滚装作业场站装卸设备配置需求分析

根据对滚装作业区类型划分及其功能设计要求，虽然其均需要具有装卸和搬运的功能，但不同类型的滚装作业区滚装作业组织和作业模式的不同，对装卸设备的配置要求存在一定差异。各类型滚装作业区的装卸设备配置需求如下。

1. 商品车（整车）滚装作业区

商品车（整车）滚装作业区是目前较为常见的一种，主要进行商品车（整车）的滚装运输，具有数量大、批次多、包装统一、商品附加值高、易遭货损等特点，滚装作业操作流程标准化程度高，主要的滚装设备包括交通通勤车、牵引车、小汽车绑扎带以及跳板、升降平台等操作所需的设备设施等。

2. 工程机械滚装作业区

工程机械滚装作业区由于装卸和搬运的工程机械具有种类相对单一的特点，其中，有动力可行驶的工程机械主要的装卸和搬运设备为链条或专用的重载绑扎带等。

3. 件杂货滚装作业区

件杂货滚装作业区主要是以重滚运输、马菲板为载体的件杂货滚装运输等方式进行，件杂货具有品种繁多、数量少、批次多、包装不一、个别货物的附加值高等特点，但均统一装载于载货汽车或挂车，实现集装单元装卸。总体而言，件杂货滚装运输场站的装卸作业相对较为简单，主要的装卸和搬运设备为叉车、搬运车、场地牵引车、托盘或者周转箱、马菲板等。

综上所述，不同滚装作业场站对装卸搬运设备配置的需求具体如表9-1所示。

不同类型滚装作业场站装卸设备配置需求表　表9-1

场站类型	装卸货物	货物特点	装卸设备需求
商品车（整车）滚装作业区	商品车（整车）	数量大、批次多、包装统一、商品附加值高、易遭货损	交通通勤车、牵引车、小汽车绑扎带以及跳板、升降平台等操作所需的设备设施
工程机械滚装作业区	动力可行驶的工程机械	品种和包装相对单一	链条或专用的重载绑扎带
件杂货滚装作业区	件杂货以及部分无动力工程机械	品种繁多、数量少、批次多、包装不一、个别货物的附加值高	叉车、搬运车、场地牵引车、托盘或者周转箱、马菲板

二、装卸设备种类及技术特点

滚装作业场站装卸设备分为装卸、搬运和固定设备等，根据以上对不同类型滚装作业场站装卸设备需求分析，滚装作业场站的装卸设备主要包括叉车、搬运车等，搬运设备主要包括场地牵引车、叉车、搬运车、托盘和周转箱、马菲板等，固定设备主要为链条或专用的重载绑扎带等。此外，对于危险品运输场站的装卸设备而言，由于其专业性强，且多为计算机控制的设备，而且该类型场站的数量少，通用性不强，因此，不作为本指南的重点，本指南中也不做具体分析。各装卸、搬运和固定设备的种类和技术特点如下。

1. 场地牵引车

场地牵引车即普通的牵引车，主要是为了满足货物的装卸作业要求，用于场站内挂车在装卸作业区与停车场之间的运输作业。场地牵引车的具体技术要求根据所牵引挂车的载重等实际情况确定。

2. 叉车

叉车是指具有各种叉具，能够对货物进行升降和移动以及装卸作业的搬运车辆。按照动力类型分为电瓶式叉车和内燃机式叉车，电瓶式叉车常用于室内、短距离和工作量较小的搬运作业；内燃机式叉车常用于室外、长距离和工作量较大的搬运作业。

按其基本构造可分为平衡重式叉车、前移式叉车、侧叉式叉车（图 9-1）等。其中，平衡重式叉车应用最为普遍，可用于露天货场和室内作业；前移式叉车的门架（或货叉）可前后移动，运行时，门架后移，使货物重心位于前、后轮之间，适用于车间、仓库内工作；侧叉式叉车主要用于长料货物的搬运，叉车司机的视野好，所需通道宽度较小。

a)平衡重式叉车

b)前移式叉车

c)侧叉式叉车

图 9-1　平衡重式、前移式、侧叉式叉车

滚装作业场站对叉车的选用，需要结合装卸作业的货物类型和集装单元类型、作业场地的实际情况以及装卸的日作业量、作业高度和距离等因素，根据叉车的额定起重量、载荷中心距、叉车全高、最大起升高度、自由起升高度和最小转弯半径等性能参数，选择合适的叉车类型。

3. 搬运车

搬运车是搬运货物的设备，搬运车又称托盘车，根据动力不同主要分为手动搬运车、半电动搬运车和全电动搬运车三类，如图 9-2 所示。其中，手动搬运车包括手动液压搬运车、高起升剪式搬运车、电子秤搬运车、手工托盘搬运车等；半电动搬运车包括半电动托盘车等；全电动搬运车包括全电动托盘车、电动托盘搬运车等。

a)手动搬运车　　b)半电动搬运车　　c)全电动搬运车

图 9-2　手动、半电动、全电动搬运车

手动托盘车与电动托盘车都是用于平面点到点搬运的工具。手动托盘车由于是人工操作，适用于搬运 2t 以下的物品，搬运距离在 15m 左右；而电动搬运车的搬运货物重量更大，适用的搬运距离也更长，应用也更加广泛。当主要搬运路线距离在 30m 以上至 70m 左右时，可以采用带折叠式踏板的电动托盘车，司机站立驾驶；相对手动搬运最大速度可提高近 60%。

全电动搬运车在仓库中的应用如图 9-3 所示。

图 9-3　全电动搬运车在仓库中的应用

滚装作业场站选用搬运车时，要考虑仓库存储货物类型、单位集装单元的重量、装卸搬运速度要求、仓库大小等因素。应根据搬运车的额定载重量、货叉高度、转弯半径等性能指标选择合适的堆高机。

4. 托盘

托盘是在运输、搬运和存储过程中，将物品规整为货物单元时，作为承载面并包括承载面上辅助结构件的装置。按照不同的标准，可以将托盘分成不同的类别，其中按台面分类，可分成单面型、单面使用型和双面使用型、翼形四种；按叉车叉入方式分类，可分为单向叉入型、双向叉入型、四向叉入型三种；按材料分类，分为木制品托盘、钢制托盘、铝合金托盘、胶合板托盘、塑料托盘、纸板托盘、复合材料托盘等，如图 9-4 ~ 图 9-6 所示。

图 9-4　木质托盘

图 9-5　塑料托盘

图 9-6　钢制托盘

托盘可以实现货物包装的单元化、规范化和标准化，并可以起到保护货物的作用。利用托盘可以将静态货物转变成动态货物，是装卸搬运、仓储保管以及运输过程中均可使用的工具，与叉车配合使用，可以大幅度提高装卸搬运效率。用托盘堆码货物，可以大幅度增加仓库利用率，同时托盘一贯化运输，可以大幅度降低成本。

滚装作业作为一种先进的运输组织形式，要求运输装卸作业的单元化、规范化和标准化是滚装作业场站的基本要求。因此，托盘是滚装作业场站重要的装卸设备。托盘的通用性很强，需根据货物的种类、重量以及装卸要求选择合适的托盘类型。

5. 周转箱（物流箱）

周转箱广泛用于机械、汽车、家电、轻工、电子等行业，具有耐酸耐碱耐油污、清洁方便、零件周转便捷、堆放整齐、便于管理等特点。根据性能可分为可堆式周转箱、可插式周转箱、折叠式周转箱及万通板周转箱等类型（图 9-7）。

a)可堆式　b)可插式

c)折叠式　d)万通板

图 9-7　可堆式、可插式、折叠式、万通板周转箱

在滚装作业中，周转箱主要用于对运输服务的质量要求高、专业化强的滚装运输生产作业。目前民生物流和安吉物流滚装作业示范项目的汽车零件运输便主要采用周转箱。滚装作业场站选择周转箱要根据运输货物的类型及其包装要求、装卸要求等具体确定。

6. 马菲板

马菲（MAFI）板是国外比较常见的滚装船货物运输工具，其与马菲牵引车头组合使用的工艺，非常适合运输特大件、超重件及不适合集装箱运输的货物。烟台港利用滚装船实现商品车外贸出口并适时开展马菲板物流业务，在满足腹地客户物流运输需求的同时，完成杂货滚装物流工艺新的突破与创新。

马菲板的主要制造特点包括：

(1) 框架采用超大型钢制成，采用电弧固焊组装而成。该结构能够抵抗弯曲和扭转应力。

(2) 配置在一个或两个轴段上的 2 个或 4 个摆动轴；在每个轴上装配 2 个在可调圆锥滚子轴承上滚动的车轮。

（3）纵向轴和摇臂在海洋型润滑衬套上摆动。

（4）轮毂盖采用钢盖等。

（5）平台前部的拖运空间设置鹅颈管。

（6）设置 2 个安全钩，用于连接鹅颈管。

（7）电缆/链条进行蚀刻处理。

（8）螺栓和螺母镀锌。

（9）制造细致、牢固，适合在海上作业。

常见的马菲板规格主要包括如表 9-2 所示的类型，实际操作中，可根据特殊需求进行订制服务。

常见的马菲板规格　　表 9-2

类　型	载重能力（t）	平台尺寸（长×宽）(mm×mm)
20ft[①]-25t	25	6150×2500
20ft-32t	32	6150×2500
20ft-40t	40	6150×2500
20ft-60t	60	6150×2500
30ft-70t	70	9250×2500
30ft-120t	120	9250×2500
30ft-160t	160	9250×2500
40ft-80t	80	12300×2500
40ft-100t low	100	12300×2500×730（高）
40ft-120t	120	12300×2500
40ft-120t low	120	12300×2500×690（高）
40ft-120t wide	120	12300×3000
40ft-140t	140	12300×3000
50ft-100t	100	15000×2800
50ft-120t	120	15000×2800

① 1ft＝0.3048m。

续上表

类　型	载重能力（t）	平台尺寸（长×宽）(mm×mm)
60ft-100t	100	18500×2800
80ft-100t	100	24250×2900
80ft-120t	120	24250×2900

常见类型的设计如图9-8～图9-15所示。

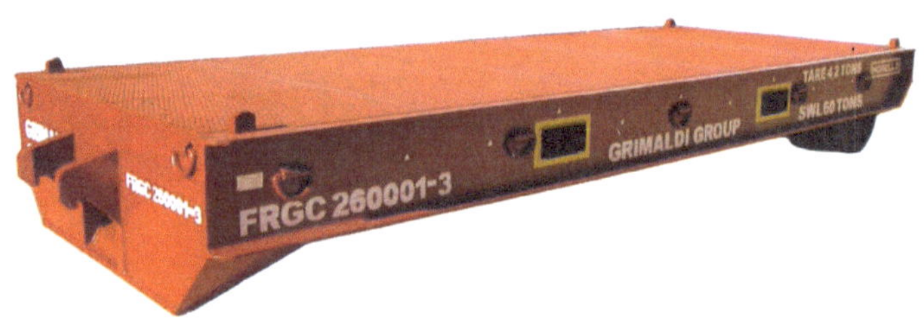

图9-8　20ft-60t MAFI 板

图9-9　40ft-80t MAFI 板

图9-10　40ft-100t MAFI 板

图 9-11　40ft-120t MAFI 板

图 9-12　40ft-120t-low MAFI 板

图 9-13　40ft-160t MAFI 板

图 9-14　50ft-100t MAFI 板

图 9-15　60ft-100t MAFI 板

7. 马菲拖车

马菲拖车是航运公司在滚装船上装卸货物时用来移动大型静态货物的轮式平台，如图 9-16 所示。可用于装卸港口区域、滚装船和工厂厂区内的货物集装箱、松散货物或大型非拆装货物等各种类型货物。在操作中，货物首先通过起重机吊到载物平台上，然后进行固定，以便将其拖到船上。它可用于板条箱货物，或大型的超大货物，如船只或大型机械（电机转子、锅炉、发电机、变压器、轨车）等。

图　9-16

图 9-16　马菲（MAFI）拖车

马菲拖车的结构简单，坚固、底盘低，载货平台有钢制和木制两种可选，多个轮式转向架使其具有极高的灵活机动性，货物和拖车捆绑点分离，即使运输超大型设备时也具有高度的稳定性。这些优势使得马菲拖车的应用可以大大提高货物的运输效率。英国 Key Air & Sea 公司的实践经验表明，马菲拖车可提升航运竞争力。

马菲拖车是港口码头装卸货物的重要设备，用于码头—码头间的运输，广泛应用于国内各港口及国外大部分港口。马菲拖车的尺寸有多种规格，其装载能力也可以进行定制，其设计载重能力通常在 25 ~ 160t 之间。

马菲拖车的定制化设计和制造主要包括：根据特殊要求订制承载能力和尺寸；载物平台可采用木制，也可采用钢制；设置用于搬运拖车升降机叉的开口；

轮胎可以选用高弹轮胎、硬橡胶胎或充气轮胎；用于集装箱安装的定位销等装置；设置固定的鹅颈管。此外，还可以加装驻车制动器、系固设备、前安全梁、容器导向轨、可收缩的扭转锁定器、支柱等附属部件。

马菲拖车的运行也有一定的限制条件。马菲拖车是一种小轮大载重运输工具，不能在普通路面上运输，其运输的路面应该较为平整，不应有很大的障碍物；运行速度不宜过快，通常情况下，满载时不宜超过6km/h，空载时不宜超过20km/h。

为了保证运输的安全性，在马菲拖车装载货物之前和装载货物过程中，需要重点检查以下方面的问题：

（1）根据货物的特点及外形，核实并选择适用于货物运输的对应尺寸和载重量的马菲拖车，其装载量不允许超过设计载荷。

（2）要严格按照马菲拖车运输装载的要求检查货物的安装位置。

（3）核实载运货物的最小长度和宽度，确定是否需要将货物载荷在承重梁之间进行分摊。

（4）载荷需要进行固定，以保证其不会在载荷平台上移动。

（5）其他问题的检查：

①负载是否过于集中，如果是，是否会使拖车弯曲。

②车轮和车轴是否过载。

③鹅颈管的载荷是否过大，过大会导致无法对其进行吊装。

④鹅颈管的载荷是否过小。鹅颈管上必须有一定的载荷以防止拖车后倾，如果载荷过小，通常是由于将过多的负载加在车轮组附近。

此外，还需要在日常工作中对马菲拖车进行定期的检查和维护，以保证运行安全。对于损坏的部件必须进行更换，并保证替换的部件和原部件是相同的且具有相同的性能，备件可以从制造商处进行预先采购。

8. 船上固定装置

《关于滚装船舶在运输道路车辆时紧固安排的导则》中概括了滚装运输中船

舶和车辆的紧固安排以及所使用的紧固方法，其中同滚装船上车辆绑扎系固有关的内容主要有两个方面。

1）船舶甲板上的紧固点

（1）船舶甲板欲装载道路车辆（包括商用车辆、半拖车、道路列车、连接式道路列车、车辆组合）应备有紧固点。如果对每辆道路车辆或道路车辆组合的每辆车至少已具有下列紧固点安排，则应由船舶所有人酌定紧固点的具体安排：

①纵向紧固点之间的距离一般不超过2.5m，但是船首和船尾部位的紧固点之间的距离可能要比船中部紧固点之间距离稍小。

②紧固点横向距离应在2.8m和3m范围内。但是船首和船尾部位紧固点之间的距离可能需要比船中部紧固点之间的距离稍小。

③每个紧固点长期不变形的最小强度应为120kN。如果设计的紧固点服务于一根以上的绑绳，则相应强度不小于120kN。

（2）对于仅偶然装运道路车辆的滚装船舶，紧固点的间距和强度应特别考虑道路车辆必需的安全积载和紧固。

2）绑绳

（1）绑绳应包括链条或其他任何器具，并由强度和延伸特性与钢链条等效的材料制成。绑绳的永久不变形强度应不小于120kN。

（2）绑绳的设计和捆扎应有一个安全入口，如绑绳松动，应能重新绷紧。

（3）应用钩子或其他装置将绑绳捆扎在紧固点，其设计应使钩子等保证在航程中一旦绑绳松动仍不会脱离紧固点穿孔。

（4）车辆上任何一个紧固点穿孔应该仅用一根绑绳捆扎。

（5）绑绳仅应该捆扎在用于该目的的紧固点上。

（6）车辆紧固点上绑绳的捆扎应使绑绳与水平面和垂直平面的角度最好介于30°～60°之间。

（7）根据船舶的特点和预期计划航次的天气状况，船长应决定每个航次所用紧固点和绑绳的数目。

国内外滚装船上所用的便携式系固设备主要为纤维绳、钢丝绳等，如表9-3所示。

便携式系固设备主要性能　　表9-3

系固装置	负荷（t）	破断力（t）	最大系固负荷（%）
卸扣、环、甲板孔、低碳钢花篮螺钉	12～20	20～40	50
纤维绳	2～8	6～24	33
钢丝绳（一次性使用）	8～12	10～15	80
钢丝绳（可重复使用）	15	50	30
钢带（一次性使用）	5～10	15～25	40
链条	8～15	25～40	40

除便携式系固设备之外，还包括系固槽座、可折地令等，如图9-17、图9-18所示。

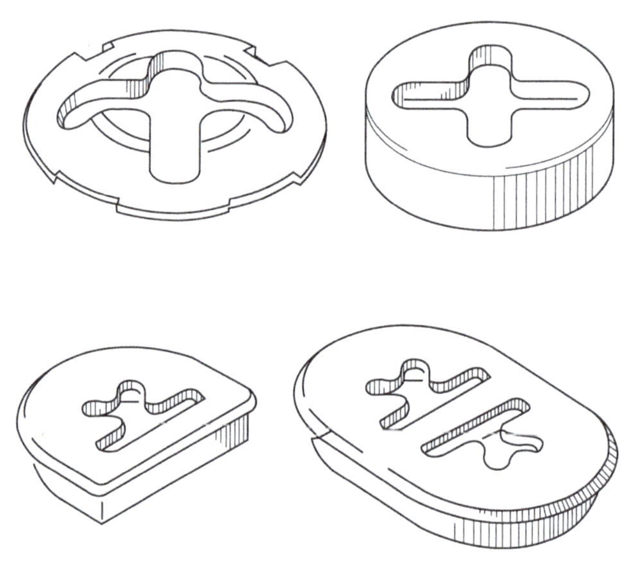

图9-17　系固槽座

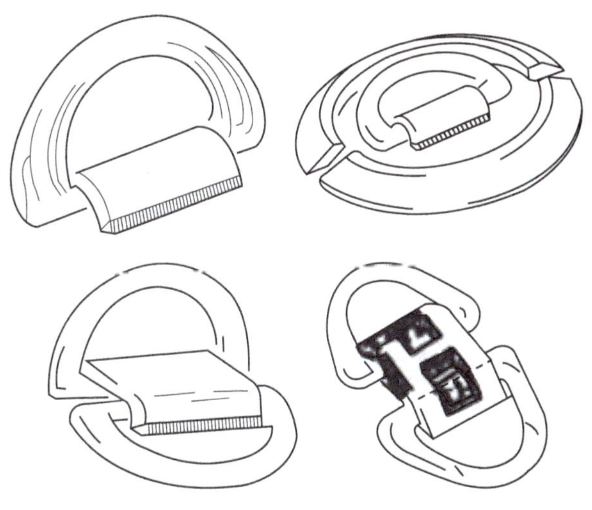

图 9-18　可折地令

第二节 装卸设备配置

一、滚装作业场站装卸搬运设备配置原则

装卸搬运设备是滚装作业场站的重要组成部分，其配置直接影响到滚装作业场站的自动化水平、运作流程和效率。滚装作业场站在装卸设备选择时除了要考虑装卸货物种类、作业量、距离、场地条件以及作业性质和类型等基本因素外，为保证装卸搬运设备系统的高效、经济，在进行设备配置时应考虑如下原则。

1. 适用性与先进性相结合的原则

装卸搬运作业的类型、作业环境、作业量、搬运距离、货物本身的物理化学性质等决定了装卸搬运设备的类型、额定作业能力和数量。装卸搬运设备的配置，必须以能够适应作业的需求为基本原则。滚装作业场站的装卸作业量大、作业频繁时，需要充分掌握作业的规律，考虑配备作业能力较高的大型专用装卸设备；作业量小、作业不频繁时，只要根据作业量的平均水平，配备构造简单、造价低廉而又能保持相当作业能力的中小型通用装卸设备即可。此外，装卸搬运设备都有一定的经济寿命，因此在配置设备时，还要充分考虑滚装作业场站未来的发展和技术进步的需求，使设备能够在其经济寿命周期内保持适当的技术先进性和作业能力空间。装卸设备配置要在设备的适用性和先进性之间寻找一个适当的平衡点，使设备既能满足需求，又不因为配置过高导致投资过大及作业能力的浪费。

2. 经济性原则

经济性也是衡量滚装作业场站装卸搬运配置的重要指标。装卸搬运是一个不直接产生经济效益的作业环节，装卸搬运设备的购置成本和使用及维修保养成本直接反映该环节的经济效益。设备配置的目标就是在满足作业需求和合理的技术先进性的前提下，实现设备在整个购置、安装、运行、维修、改造、更新直至报废全过程内的总成本最小，即设备的全寿命周期成本最小。

3. 系统化原则

装卸搬运设备的配套使用是保证前后作业环节相互衔接、相互协调，保证装卸搬运工作连续稳定进行的重要条件。因此，在进行设备配置时，还要对整个装卸搬运系统进行流程分析，充分考虑各个作业工序之间的衔接，以使配置的设备相互适应，减少作业等待时间，提高作业效率。尤其在新建滚装作业场站时，应将搬运设备的配置与仓库的布局、设施的规划设计同时考虑，使装卸搬运设备与场地条件、周边辅助设备相匹配，实现滚装作业场站生产作业的整体最优。

二、滚装作业场站装卸设备配置数量计算方法

滚装作业场站装卸搬运设备的配置数量主要由各种设备的装卸作业量确定。

1. 装卸设备配置系数

配置系数可按下式计算：

$$K = \frac{Q_c}{Q_t} \tag{9-1}$$

式中：K——装卸设备配置系数，一般取 $K = 0.5 \sim 0.8$；

Q_c——装卸设备能力，即设备能完成的作业量；

Q_t——滚装作业场站总作业量。

通常情况下，当 $K>0.7$ 时，表明场站机械化作业程度高；当 $K=0.5\sim0.7$ 时，表明场站机械化作业程度中等；当 $K<0.5$ 时，表明场站机械化作业程度低。

2. 装卸设备配置数量

滚装作业场站装卸设备的配置数量可用下式计算：

$$Z=\sum_{i=1}^{m}Z_i \tag{9-2}$$

式中：Z——滚装作业场站内装卸设备总台数；

m——装卸设备类型数；

Z_i——第 i 类装卸设备台数，按式（9-3）计算。

$$Z_i=\frac{Q_{ci}}{(Q_c\beta\eta\delta)_i} \tag{9-3}$$

式中：Q_{ci}——第 i 类装卸设备日完成作业量；

Q_c——设备的额定起（载）重量；

β——起重系数，即平均一次吊装或搬运的重量与 Q_c 的比值；

δ——时间利用系数，即设备日平均工作小时与场站总作业时间的比值，δ 值根据作业场站的性质、货物种类以及装卸设备类型进行实测确定；

η——单位工作小时平均吊装或搬运次数，由运行距离、运行速度及所需辅助时间确定。

滚装作业场站总作用是按下式计算：

$$Q_t=\sum_{i=1}^{m}(H_ia_i) \tag{9-4}$$

式中：m——作业环节的数目；

H_i——第 i 个作业环节的作业量；

a_i——第 i 个作业环节的倒搬系数，根据物品的重复搬运次数确定，无二次搬运时，$a_i=1$。

滚装作业场站装卸设备完成的总作业量，可由总作业量 Q_t 乘以设备配置系

数 K 求得，即：

$$Q_c = KQ_t \tag{9-5}$$

计算某类装卸设备数量时，Q_{ci}可由 Q_c 分别决定。

第三节 仓储与辅助设施设计参数

与传统运输场站相比，滚装作业场站主要是满足滚装作业的标准化、规范化和高效化。因此，仓储设施设计时要充分考虑滚装作业过程中货物装卸作业的特殊要求。

一、不同类型滚装作业场站对仓储设施的要求

滚装作业场站内仓储设施的形状除了受到场地条件、总面积需求、安全和消防要求等限制外，还与滚装生产作业的类型、作业量以及装卸频率等因素密切相关。各种类型滚装作业场站对仓储设施的要求如下。

1. 商品车（整车）滚装作业区

商品车（整车）滚装作业场站往往存储的时间比较长，一般露天仓储，也可以建成普通仓储库。

2. 工程机械滚装作业区

一般露天仓储。

3. 件杂货滚装作业区

对于件杂货滚装作业场站而言，仓储设施的设计需结合其业务类型的具体情况而定，一般露天仓储，也可以建成普通仓储库。

二、仓储及辅助设施设计参数

1. 滚装通道

港口应设置良好的通道，其通道宽度应根据装卸运输作业方式确定。若采用

载货汽车或拖车运输，单车道最小净宽不少于5m。道路设计标准应根据运输车型和货物负荷以及地区道路标准具体确定。

2. 大型立体化车库

典型的巷道堆垛式整车自动化立体仓库主要由房体建筑、货架、堆垛机、库前输送系统、控制和管理系统、载车托盘（或为无托盘形式）等组成，如图9-19所示。

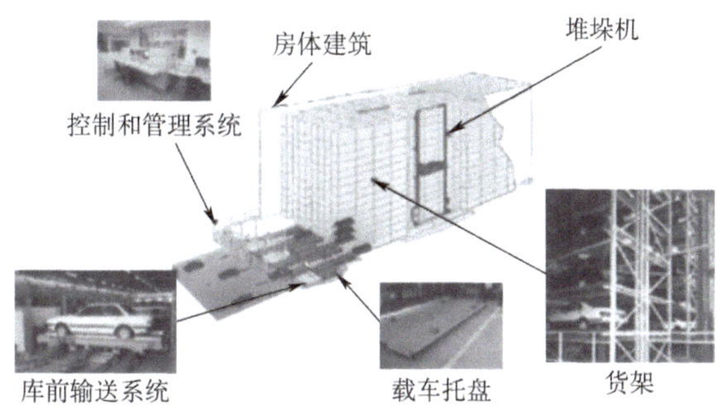

图9-19 整车自动化立体仓库的组成

（1）房体建筑。将整车库的全部设备纳入建筑，通过合理布局，协调各个功能分区，使整个仓库正常运转。

（2）货架。通常由型钢焊接，可与房体做成库架一体式或分离式，用于放置托盘和车辆。

（3）堆垛机。将车辆堆放至货架上或从货架上取出并放至输送系统。

（4）库前输送系统。将驾驶员停放的车辆输送至堆垛机取车位置，或者将堆垛机放置车辆输送至驾驶员取车位置的系统，有时根据需要增加辅助设备完成托盘的存取和收发。

（5）控制和管理系统。通过计算机控制和管理所有的工艺设备，实现存取车的全自动化操作。

（6）载车托盘。根据系统布置需要或用户要求，有时需用载车托盘充当汽车在仓库内流转的容器，避免车辆与其他设备直接接触。

3. 仓库通道宽度

仓库通道是为了满足装卸货物要求，为人或者搬运车等装卸机械通过和装卸货物而留出的空间。考虑到滚装作业场站仓库内主要的装卸机械为叉车、搬运车、堆高机，因此，仓库内通道的距离（W）最小要满足叉车、搬运车、堆高机等装卸机械的最小转弯半径（R）和货物集装单元的外扩尺寸（L）两者的最大值，即 $W \geqslant MAX(L, R)$。一般情况下，适宜滚装运输作业的仓库，走道占仓库面积的 50% 左右。

4. 商品车堆存区

用斜车位的堆存区外部通常是单行环路，其车辆的行走路线受斜车位影响，可直接从车位开出而不需要倒车等操作。

鱼骨状斜车位，主要用途为存放已完成 PDI 或 VPC 作业的进口商品车，这部分车辆通常都已在码头完成全部作业，由货主直接在该场区提走。

以 4 辆车为一整列的直车位，这种车位画线主要针对部分特殊进出口商品车，这些车有一定的不确定性，存放在此的商品车将要进行的下一步作业可能为：PDI 工作或 VPC 作业或进一步的出口分票后的直接装船作业等操作。由于存放在其中的商品车等待下一步的操作不尽相同，为提取方便每列只存放四辆车。

大面积直车位，其主要特点为单个车位较长（每个车位 5.8m × 2.5m），一列通常有 40 ~ 50 个车位，单个场区面积非常大，中间不留专门的商品车道，通常其堆存方法视情况自由组合，空出来的一行车位即为车道。主要用途为大批量出口车辆，其最小组合方式为 4 辆车一列，以便进行车辆分流或 PDI 工作及 VPC 作业。

第十章

结　　语

本书的总结概括如下：

（1）分析了国内外滚装码头的发展现状，总结了国外成熟的滚装码头建设和运营的共同特点以及可以借鉴的经验，如堆场设计、汽车物流增值服务、信息化建设、业务分工、船舶装卸等方面；提出了滚装码头发展方向并就滚装场站规模与设施设备及信息化管理水平的适应性进行了分析。

（2）总结了滚装作业场站的基本功能并设计场站功能区。探讨了滚装作业场站的类型划分、滚装作业需求分析以及滚装作业类型确定，并对不同类型滚装作业的工艺流程进行详细分析，包括装卸流程、工艺要求、生产作业方案、工艺流程以及配积载等。

（3）依据与自然环境相协调、与功能布局相适应、体现弹性规划等原则对内部交通组织进行优化布局，提出常见的布局形式及适用情况；外部交通组织方案核心是分析场站与周边既有或规划交通运输通道的相互关系，评价场站集疏运体系（统筹考虑公路、铁路、水路等多种交通运输方式）是否能够满足场站的运输要求，并提出明确的交通组织与衔接方案建议。总结滚装作业场站与交通基础设施衔接的注意事项和衔接思路。

（4）对滚装作业场站的设施构成，包括滚装业务办公设施、滚装业务生产设施、滚装业务生产辅助设施和生活服务设施及滚装作业场站设施参数的确定做了详细论述。分析了传统系统布置设计（SLP）方法的不足并对其进行改进，使之能够更适用于滚装作业场站的内部设施布局，使用改进后的场站设施布局设计方法进行布局优化。给出滚装作业场站设施布局优化模型以及场站改造布局优化模型，并给出基于遗传—模拟退火混合优化策略的模型求解算法，用于求解模型。

（5）针对不同类型作业区，以实现货物的快速装卸与安全转运为目标，分析其对场站整体规模及装卸站台、叉车、仓库等各类单体设施设备的要求，给出了滚装作业场站设施设备的设计参数，以实现场站内部设施设备资源的合理利用与最优配置。

参考文献

[1] 鲍科臻．城陵矶港汽车滚装物流发展战略研究［D］．湘潭：湘潭大学，2016.

[2] 董志强，于忠涛，禹化强．现代汽车滚装码头平面布置及技术发展［J］．水运工程，2016（S1）：34-38+49.

[3] 刘瑞菊．福州A甩挂场站平面布局及仿真研究［D］．大连：大连海事大学，2014.

[4] 高海耀．汽车滚装码头的堆场生产作业调度研究［D］．武汉：武汉理工大学，2010.

[5] 涂茜．物流中心内部布局与AGV调度优化研究［D］．长沙：中南大学，2009.

[6] 邵昊燕．辽宁省陆岛客滚船安全船型研究［D］．大连：大连理工大学，2008.

[7] 关健．基于多目标规划的物流中心设施布置设计的研究［D］．成都：西南交通大学，2008.

[8] 张安西．威连线客滚船车辆安全装载与系固的研究［D］．大连：大连海事大学，2007.

[9] 宋伯慧，王耀球．装卸搬运设备配置优化研究［J］．物流技术，2006（07）：145-147.

[10] 唐庆．滚装船上车辆绑扎系固系统的应用分析研究［D］．大连：大连海事大学，2004.

[11] 刘伟铭，姜山．基于GASA混合优化策略的双层规划模型求解算法研究［J］．土木工程学报，2003（07）：27-32.

[12] 刘儿七．国外专业汽车滚装码头总平面规划的经验借鉴［J］．港口科技，2013：6-9，38.

[13] 陈跃华．核子秤配料系统参数在线优化研究［D］．武汉：武汉科技大

学，2004.

[14] 贾文森．专业汽车滚装码头发展研究［D］．天津：天津大学，2015.

[15] 王转，程国全．配送中心的系统规划［M］．北京：中国物资出版社，2003.

[16] 建新，朱岩梅，张艳霞．物流系统规划与设计［M］．北京：清华大学出版社，2009.

[17] 裘克勤．国际贸易港口［M］．北京：人民交通出版社，1996.

[18] 陈子侠，张芮，陈颢．物流中心规划设计［M］．杭州：浙江工商大学出版社，2011.

[19] 王凌．智能优化算法及其应用［M］．北京：清华大学出版社，2001.

[20] 帅铁城．基于战略装车点规划的昆明铁路局装卸资源整合［D］．长沙：中南大学，2008.

[21] 王云．三体海峡客滚船总体设计研究［D］．哈尔滨：哈尔滨工程大学，2011.

[22] 赵红霞．现代物流条件下铁路集装箱中心站设施布局优化［D］．成都：西南交通大学，2010.

[23] 谢君．基于滚装码头的汽车物流平台研究［D］．武汉：武汉理工大学，2010.

[24] 宋杨．运输与配送管理［M］．大连：大连理工大学出版社，2006.

[25] 罗松涛．配送与配送中心管理［M］．北京：对外经济贸易大学出版社，2008.

[26] 代晨浩．海通汽车滚装码头整车物流发展研究［D］．上海：上海交通大学，2006.

[27] 斯建永．配送中心设施规划及其仿真研究［D］．杭州：浙江大学，2006.

[28] 孙学琴．系统布置设计在物流中心设计中的应用［J］．科技进步与对策，2005，22（10）：117-119.

[29] 阮喜珍．物流配送管理实务［M］．天津：天津大学出版社，2014.

[30] 王国华. 物流运营与控制 [M]. 北京：国防工业出版社，2005.

[31] 左树英. 汽车滚装码头堆场空间分配研究 [D]. 大连：大连海事大学，2012.

[32] 唐喆. 天津港环球滚装码头泊位布置方式研究 [D]. 大连：大连海事大学，2010.

[33] 徐刚. 基于模拟退火遗传算法的管网优化设计方法的研究 [D]. 成都：西南交通大学，2005.

[34] 陈再兴，张涛. 汽车滚装码头整车自动化立体仓库构成与运行工艺 [J]. 港口装卸，2017.

[35] 龙江. 中国汽车港口发展整车增值物流的研究 [D]. 大连：大连海事大学，2008.

[36] 纪杰. 物流中心布局规划仿真与评价研究 [D]. 武汉：武汉理工大学，2011.

[37] 罗厚成，王书成. 基于模糊评价的件杂货装卸搬运设备配置研究 [J]. 起重运输机械，2008.

[38] 陈丹. 长江商品汽车滚装运输船船型开发研究 [D]. 武汉：武汉理工大学，2008.

[39] 赵彦虎. 天津港汽车物流业发展战略研究 [D]. 天津：南开大学，2008.

[40] 闫振英. 物流园区功能布局及其道路交通的研究 [D]. 北京：北京交通大学，2007.

[41] 贾春强. 插装式集成块智能优化设计理论与方法研究 [D]. 大连：大连理工大学，2007.

[42] 王凌. 车间调度及其遗传算法 [M]. 北京：清华大学出版社，2003.

[43] 孟曦. 中国汽车物流的现状及问题研究 [J]. 物流工程与管理，2009，31(3)：1-3，20.